꿈을 이루어주는
만다라 차트

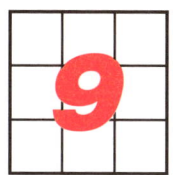

NIHONJIN MAJOR LEAGUER GA MOKUHYO TASSEISHITA!
YUME WO KANAERU MANDALA CHART by Mihiro Matsuda

Copyright © 2023 by Mihiro Matsuda
All rights reserved.
This Korean edition was published by Dodreamedia in 2025
by arrangement with TAKARAJIMASHA,Inc.
through KCC(Korea Copyright Center Inc.) Seoul.

이 책은 (주)한국저작권센터(KCC)를 통한 저작권자와의 독점계약으로 ㈜두드림미디어에서 출간되었습니다.
저작권법에 의해 한국 내에서 보호를 받는 저작물이므로 무단전재와 복제를 금합니다.

꿈을 이루어주는 만다라 차트

마쓰다 미히로 지음 | 마쓰무라 다케시 감수 | 이성희 옮김 | 서승범 감수

두드림미디어

머리말

인생을 바꾼 만다라와의 만남

질문력 전문가 마쓰다 미히로입니다. 지금으로부터 약 20년 전, 제 인생을 바꾼 만다라와의 만남은 갑작스럽게 찾아왔습니다. 제가 신세를 지고 있던 어느 분의 소개로 만다라 차트를 개발하신 마쓰무라 야스오(松村 寧雄) 선생님과 식사를 함께할 기회가 생겼습니다.

갑작스러운 식사 자리인 데다, 만다라에 대한 사전 지식이 전혀 없었던 저는 질문만 계속해서 던졌습니다.

그런 저의 관심을 알아차리셨는지, 선생님은 "만다라 차트 공부 모임에 초대할 테니 와 주시겠어요?"라고 말씀해주셨지요. 저는 기쁜 마음에 "꼭 가겠습니다! 언제인가요?"라고 물어보았습니다.

"내일이에요."

워낙 느지막하게 시작된 식사 자리였던지라, 시간은 밤 10시를 가리키고 있었습니다. 평일이었기에 다음 날도 약속이 빼곡히 차 있었더랬지요. 그런데 선생님은 환하게 웃으시며 이렇게 말씀하시는 것 아니겠어요.

"올 수 있는지 없는지가, 인생이 좋아질지 어떨지를 결정할 거예요."

저는 고민을 거듭했습니다. 상식적인 생각으로, 당일에 약속을 취소한다는 것은 굉장한 실례이지요. 지금까지 그런 일은 한 적도 없었고, 그럴 용기도 없었습니다. 머리로는 도저히 불가능하다고 생각했지만, 마음의 소리였을까요? "네! 가겠습니다"라고 입 밖으로 내뱉은 제 모습을 발견했지요.

다음 날 아침, 저는 모든 약속을 취소하는 전화를 걸었고, 마쓰무라 선생님을 만나러, 그리고 배움을 얻으러 갔습니다. 선생님께서 얼마나 진심으로 말씀하셨는지는 모르겠지만, 여기서부터 인생이 급변한 것은 틀림없습니다.

아이디어가 넘치는 도구

만다라 차트는 제 에너지의 원천이었습니다. 왜냐하면 저는 새로운 아이디어를 생각해내는 것을 정말 좋아하기 때문입니다. 그동안 저는 새로운 서비스를 만들거나, 새로운 시스템을 구상하는 등의 일들을 계속해왔습니다. 하지만 '아이디어가 막히거나', '아이디어가 너무 많아 정리하기 힘들다'라는 고민이 있었더랬지요. 이 2가지 문제를 동시에 해결해준 것이 바로 9칸의 만다라 차트였습니다.

왜 아이디어가 계속해서 흘러넘치고, 그 아이디어를 구체화하거나 행동으로 옮길 수 있는지에 대한 자세한 내용은 이 책을 읽어주시길 바라며, 어쨌든 만다라 차트는 저에게는 없어서는 안 될 도구가 되었습니다.

하루 24시간 만다라 차트를 손에 쥔 채, 식사도 잊을 정도로 계속해서 작성했습니다. 그때의 그 설렘이란 지금도 잊을 수 없어요. 비즈니스 아이디어가 샘솟고, 해야 할 일들이 정리되었으며, 하고 싶은 것들이 점차 명확해지기 시작했습니다. 이 도구는 정말 대단하다는 생각이 들어 친구들에게 소개하기 시작했습니다.

친구 중 아무도 사용해보지 않았다

"이 방법 정말 굉장해! 한번 따라 해봐!"

저는 친구들에게 만다라 차트를 나눠주기 시작했습니다. 분명히 다들 충격을 받을 것으로 예상하며, 두근거리는 마음을 안고 친구들의 피드백을 기다렸지요. 하지만 아무리 기다려도 연락은 오지 않았습니다.
 선물한 친구들에게 물어보았더니 "빈칸이 9개나 있어서 써보려고 했는데 잘 써지지 않아", "무엇을 적어야 할지 모르겠어"라는 대답만 돌아왔습니다.
 그 모습에 놀란 저는 친구들이 쓸 때와 제가 쓸 때, 무엇이 달랐던 것인지 스스로에게 질문을 던져보았습니다.
 저는 만다라 차트를 쓸 때, 바로 이렇게 자문자답하며 작성했습니다.

예를 들어, 아이디어를 낸다는 주제로 만다라 차트를 작성할 때는

'아이디어를 더 확장하려면?'
'지금까지 해본 적 없는 방법은?'
'무엇과 결합하면 좋을까?'

이런 식으로 질문을 던지며 작성했어요. '그렇다면 처음부터 질문이 적혀 있는 만다라 차트가 있다면, 누구나 쓸 수 있지 않을까?' 하는 생각이 들어, 마쓰무라 선생님께 제안하러 갔습니다.

마법의 질문 만다라 차트 탄생

"만다라 차트 9칸에 다양한 주제에 맞는 마법의 질문이 적혀 있으면 어떨까요?"

친구들과의 에피소드를 전하며 제안을 드리자, 선생님께서는 즉시 "그것을 만들어봅시다!"라고 흔쾌히 승낙해주셨습니다. 저희는 바로 개발과 제작에 착수했습니다. 일단, 많은 사람이 답하면 좋을 주제를 정했습니다. 그리고 그 주제를 바탕으로 8가지 질문을 만들었습니다. 그 질문은 다음과 같습니다.

- 이전에는 생각해본 적 없었던 자신만의 답을 끌어내는 질문
- 내 안에 있지만 자각하지 못했던 답을 얻는 질문

질문에 대한 답을 적는 순서가 매우 중요합니다. 어떤 순서로 답하면 효과적일지를 매일 연구하며, 20개가 넘는 주제가 드디어 완성되었습니다. 그것이 바로 이 책에도 수록된 '마법의 질문 만다라 차트'입니다. 이것만 있으면 그저 주어진 질문에 답하기만 하면 되기 때문에, 누구든지 만다라 차트를 활용할 수 있습니다.

저희는 '한 사람이라도 더 많은 사람들이 나답게 살아가는 세상을 만든다'라는 비전이 있는데, 이를 위해서는 자신이 어떻게 살아가고 싶은지, 무엇을 소중히 여기며 살고 싶은지, 나답게란 어떤 삶을 의미하는지에 대해 각각 그 답을 알 필요가 있습니다.

질문이라는 형식은 최적의 도구가 되었고, 만다라 차트라는 형태에 담겼기에, 마법의 질문은 점점 더 널리 퍼져 나갔습니다.

어른들뿐만 아니라 아이들도 이 '마법의 질문 만다라 차트'를 사용해 꿈을 발견하거나, 꿈을 향해 나아가고 있습니다.

아이디어뿐만 아니라 인생에서 중요한 것들도 배웠다

만다라 차트는 아이디어를 내기 위한 도구로 많이 사용되지만, 사실 인생을 어떻게 살아갈지 알 수 있게 해주는 도구이기도 합니다. 제3장을 읽어보시면 아시겠지만, 만다라 차트의 9칸 너머에는 '자신의 존재 방식'이나 '다른 사람과의 관계 형성'을 배울 수 있는 요소가 담겨 있습니다.

마쓰무라 선생님께서는 '인연이란 관계 속에서 생겨난다'라는 것을 가르쳐 주셨습니다.

저는 이 가르침을 통해 '눈앞의 상대를 기쁘게 하려면 무엇을 할 수 있을까?'라는 질문을 만들었습니다. 이 질문에 답하고, 그 답을 실행함으로써 다양한 사람들과의 인연이 깊어졌습니다.

진정한 친구가 생기기도 했고, 비즈니스가 생겨나기도 했습니다. 저 혼자서는 절대 할 수 없을 프로젝트가 탄생하기도 했고요.

관계를 만드는 것은 자신의 힘으로 할 수 있는 것이기 때문에, 오직 상대를 기쁘게 만들겠다는 마음가짐으로 끊임없이 생각하고 행동해 나가면 됩니다.

그리고 우리의 세상은 관계로 이루어져 있습니다. 혼자서는 살아갈 수 없고, 일이나 활동하는 데도 반드시 누군가와의 관계가 필요합니다. 그러므로 인연을 깊게 만들어가는 것이 중요합니다. 이 책을 읽고 있는 여러분과의 인연에도 감사드립니다.

이 책을 통해 비즈니스에 대한 힌트, 인생에 대한 힌트를 얻으실 수 있다면 정말 기쁘겠습니다.

추천사

"틀 안에서 자유로워지는 사고, 그 위에서 꿈은 현실이 됩니다."
"꿈은 막연한 것이 아닙니다. 그것은 중심에서 시작되어, 점점 퍼져 나가는 확장된 사유의 지도입니다."

'만다라 차트(9매트릭스)'는 단순한 목표 설계 양식이 아니라, 삶을 바라보는 '새로운 사고 방식'입니다. 그리고 이 책은 바로 그 본질을 가장 정확하게 짚어내며 만다라 차트를 꿈과 목표, 인생 전반을 설계하는 실전 도구로 안내합니다. 특히 이 책의 저자인 마쓰다 미히로는 '마법의 질문'을 통해 수많은 사람의 내면을 열어 온 퍼실리테이터이자, 삶의 본질을 건드리는 질문을 잘 던지는 안내자입니다. 그런 그가 이 책에서 단순한 프레임워크로서의 만다라 차트를 넘어서, '사고의 확장'과 '존재의 통합'까지 이끄는 도구로 재해석한 방식은 깊은 울림을 줍니다. 저는 오랫동안 '9매트릭스'라는 이름으로 이 도구를 활용해왔습니다. 기업가 정신, 자기 이해, 비즈니스 설계, 실행 전략에 이르기까지 9개의 칸은 단순하지만 깊이 있는 사고의 출발점이었습니다. 이 책은 이 도구의 철학적 근거를 충실히 담았을 뿐만 아니라, 실제 적용법, 주차별/주제별 사례, '질문의 힘'까지 결합한 실용성과 통합성을 갖추고 있습니다.

책의 인상 깊었던 점을 몇 가지 나누고 싶습니다. 제1장은 오타니 쇼헤이 선수의 고교 시절 만다라 차트를 소개하며, '꿈이 현실이 되는 구조'를 시각적으로 보여줍니다. 이는 단순한 성공 사례가 아니라, '어떻게 생각을 구체화시킬 수 있는가?'에 대한 지침입니다. 제2장은 도구

사용법을 친절하게 안내하되, 단순한 사용설명서를 넘어서 '왜 9칸인가?', '왜 중심에서 시작하는가'와 같은 철학적 배경을 풀어냅니다. 특히 '금강계 만다라'와의 연결은 사고와 존재를 잇는 다리로 인상 깊었습니다. 제3장과 제4장은 만다라 사고법이 단지 목표 달성에 머물지 않고, '삶의 조화와 통합'을 설계하는 고차원적 도구가 될 수 있음을 보여줍니다. 이 책의 가장 큰 미덕은 '도구의 영성적 근거'까지 설명하고 있다는 점입니다. 이를 통해 도구와 존재, 실행과 본질이 분리되지 않는 구조가 완성됩니다. 제5장에서는 만다라 차트와 '마법의 질문'이 결합되며 더 깊은 자기 대화의 장이 열립니다. 질문이 사고를 이끌고, 칸이 그 질문을 구조화하며, 그 결과 '행동 가능성'이 명확해집니다. 부록으로 수록된 다양한 차트들은 단지 읽고 끝나는 게 아니라, 손으로 적고, 삶에 적용하는 실천서로 이 책을 완성시킵니다. 저 역시도 이 구조를 활용해 수많은 수강생과 함께 꿈, 사명, 브랜드, 콘텐츠, 실행 전략을 설계해왔으며, 이 구조가 현실을 바꾸는 힘이 있음을 직접 목격했습니다.

꿈은 추상적인 것이 아니고, 구조화되어야 실행됩니다. 구조화는 단순하고, 반복 가능하며 시각화 가능한 도구에서 시작됩니다. 이 책은 그러한 도구 중 가장 강력한 만다라 차트의 본질을 온전히 담았습니다. 꿈이 구체화되지 않아 막막하거나, 삶을 설계하는 자신만의 프레임워크가 없거나, 사고와 존재를 연결하고 싶은 모든 사람에게 이 책을 강력히 추천합니다.

간다 마사노리 공인 퓨처매핑® 코치

서승범

목차

머리말 ·· 4
추천사 ·· 10
이 책의 사용 방법(HOW TO USE) ······································· 16

제1장 세계에서 활약하는 사람들이 활용·실천하고 있는 만다라 차트란?

오타니 쇼헤이 선수가 작성한 만다라 차트는 어떠한 점이 대단할까? ··············· 20
오타니 선수가 고등학생 시절에 만든 만다라 차트 ························· 22
만다라 차트는 사고의 깊이를 넓히는 데 효과적이다 ······················· 24
만다라 차트®의 8가지 특성 ·· 28
특성 1. 균형을 잡을 수 있다 ··· 30
특성 2. 전체와 부분과의 관계성을 동시에 파악할 수 있다 ················ 32
특성 3. 각종 문제를 해결할 수 있다 ····································· 34
특성 4. 발상이 확장되는 동시에 집약된다 ······························· 36
특성 5. 계층화된 정보를 파악할 수 있다 ································ 38
특성 6. 본질을 파악할 수 있다 ··· 40
특성 7. 정보를 공유할 수 있다 ··· 42
특성 8. 시각화할 수 있다 ·· 44
칼럼. 만다라 차트는 이런 경우에 사용할 수 있다! ························ 46

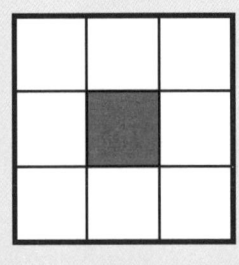

제2장 딱 이것만! 만다라 차트 활용법

왜 만다라 차트에는 신기한 힘이 있을까? ··· 48
만다라 차트는 목표 달성과 문제 해결에서 절대적인 힘을 발휘한다 ················ 50
만다라 차트는 왜 9칸으로 이루어져 있을까? ··· 52
A형 차트를 채우는 순서는 금강계 만다라에서 유래되었다 ····························· 54
B형 차트는 A형 차트를 더 발전시키고 싶을 때 사용한다 ······························· 56
'칸에 맞춰서 생각'하면 자유로운 발상이 떠오른다 ······································· 58
작성할 때는 손 글씨와 컴퓨터 중 어느 것이 더 좋을까? ································ 60
만다라 차트 작성 요령 : '구체적으로' 작성한다 ·· 62
칸을 채울 때는 '이상적인 상태'와 '방법'을 의식한다 ····································· 64
만다라 차트는 처음부터 완벽을 목표로 할 필요가 없다 ································ 66
만다라 차트는 항상 잘 보이는 곳에 두면 위력이 배로 늘어난다 ······················ 68
만다라 차트를 만들었다면 반드시 되돌아보자 ·· 70
A형 차트 활용 사례 ··· 72
B형 차트 활용 사례 ··· 88
칼럼. 만다라 차트가 탄생한 배경 ·· 104

제3장 더 알고 싶다! 만다라의 심오한 세계

만다라는 인간의 마음을 해명한 그림 ··· 108
만다라는 인간의 뇌와 마음을 연결하는 힘을 지니고 있다 ····························· 113
'상호의존'이라는 사고방식이 성공으로 이끈다 ·· 118
'3×3의 9칸'이 가진 힘 ·· 125
칼럼. 동양식 목표 달성 방법에 최적화된 도구 ·· 131

제4장 목표를 이루고, 인생을 풍요롭게 해주는 만다라 사고법

만다라 사고의 8가지 원칙 ① 상호의존································· 134
만다라 사고의 8가지 원칙 ② 통합력··································· 136
만다라 사고의 8가지 원칙 ③ 이상적인 모습······················· 138
만다라 사고의 8가지 원칙 ④ 개발력··································· 140
만다라 사고의 8가지 원칙 ⑤ 감사······································· 142
만다라 사고의 8가지 원칙 ⑥ 주체성··································· 144
만다라 사고의 8가지 원칙 ⑦ 가설 검증······························· 146
만다라 사고의 8가지 원칙 ⑧ 지속적인 개혁······················· 148
만다라 사고를 '자기 관리'에 활용한다································ 150
만다라 차트를 작성할 때는 'CAPD'로 생각한다················ 152
목표는 한 가지로 좁히지 않는 편이 좋다···························· 154
인생을 8가지 분야로 나눠서 생각한다······························· 156
하고 싶은 일을 실현하기 위해 연간 선행 계획을 도입한다···· 158
우선 스케줄을 세우면 마음은 그 후에 저절로 따라온다···· 160
목표는 만다라 사고를 바탕으로 1주 단위로 구체화한다···· 162
B형 차트를 활용해 인생의 균형도를 체크한다··················· 164
인생의 균형도를 레이더 차트로 시각화한다······················· 166
'긴급하지는 않지만 중요한 것'이 인생을 풍요롭게 하는 열쇠···· 168
만다라 차트로 인생 100년 계획을 세워보자······················ 170
인생을 풍요롭게 하는 만다라 다이어리······························· 172

제5장 답하기만 해도 인생과 비즈니스가 풍요로워지는 마법의 질문 만다라 차트

만다라 차트와 마법의 질문이 결합해 파워 업 ·················· 176
도대체 '마법의 질문'이란 무엇일까? ···························· 178
마법의 질문 만다라 차트 사용 방법 ···························· 180
효과를 내기 위한 3가지 규칙 ·································· 182

맺음말 ·· 184
참고문헌 ·· 186

부록 마법의 질문 만다라 차트 작성 노트

마법의 질문 만다라 차트 [비즈니스 편] ························· 190
마법의 질문 만다라 차트 [라이프워크 편] ······················· 210
마법의 질문 만다라 차트 [셀프 커뮤니케이션 편] ··············· 230
만다라 차트 A형 ··· 249
만다라 차트 B형 ··· 250

이 책의 사용 방법
(How to Use)

　이 책은 여러분이 지금까지 접했던 책들과 달리 큰 차이점이 있습니다. 바로 단순히 읽고 끝나는 것이 아니라는 점입니다. 제1장부터 제4장까지는 만다라 차트가 다른 목표 달성 도구와 무엇이 다른지, 실제로 어떻게 사용하는지를 자세히 설명합니다.

　이 책은 만다라 차트에 대해 깊이 이해할 수 있도록 단계별로 구성되어 있습니다. 여러분의 속도에 맞춰 제1장부터 순서대로 읽어보시길 바랍니다.

　처음 만다라 차트를 접하게 되면 어렵다고 느껴질 수도 있습니다. 하지만 이 책을 한 차례 읽고 나면, 만다라 차트를 어떻게 활용할지 제대로 이해할 수 있게 될 것입니다. 하지만 아무리 만다라 차트에 관해 공부한다고 해도, 그 자체로는 큰 의미가 없습니다. 만다라 차트는 여러분의 인생, 꿈, 또는 업무에 활용할 때 비로소 그 가치가 탄생하기 때문이지요.

　그래서 이 책의 부록에는 작성 노트(마법의 질문 만다라 차트)를 준비했습니다. 가이드북이 포함된 나만의 노트라고 생각하시면 됩니다. 만다라 차트를 작성하셨다면, 이를 계속 보관하고 주기적으로 다시 들여다보시길 바랍니다. 다시 들여다보는 순간, 만다라 차트의 위력을 강하게 실감하실 수 있을 것입니다.

들고 다니는 것이 좋을까? 언제 들여다보면 좋을까?

　기본적으로 이 책이나 만다라 차트는 매일 가지고 다녀도 좋고, 집에 두고 사용해도 상관없습니다. 하지만 어느 경우이든 매일 조금씩이라도 좋으니 차트를 들여다보는 시간을 꼭 가져보시길 바랍니다.

　그리고 만다라 차트와 마주하는 시간은 기본적으로 언제라도 상관없습니다. 충분히 시간을 확보할 수 있고, 의욕이 높은 상태에서 바라볼 수만 있다면 아침이든 낮이든 밤이든 어느 때든 괜찮습니다. 다만, 짧은 틈새 시간이나 바쁜 일정 중간 같은 경우는 가급적 피하는 편이 좋습니다. 최소한 30분, 가능하다면 1시간 이상 시간을 확보하는 것을 추천하기 때문이지요.

　아마 처음에는 만다라 차트 사용법에 익숙하지 않아 애를 먹거나, 자신만의 말로 작성하는 것에 어려움을 느낄 수도 있을 것입니다. 하지만 뒷부분에서도 설명하겠지만, 처음부터 완벽을 목표로 할 필요는 없습니다. 그것보다는 얼마나 진지하게 임하는지, 그 자세가 더 중요합니다.

세계에서 활약하는 사람들이 활용·실천하고 있는 만다라 차트란?

미국의 메이저리그에서 대활약하고 있는 오타니 쇼헤이(大谷 翔平) 선수. 오타니 선수가 고등학교 1학년 때 만든 목표 달성 시트의 원형이 바로 '만다라 차트'입니다. 이번 장에서는 만다라 차트가 갖고 있는 8가지 특성을 중심으로 만다라 차트의 매력을 파헤쳐 보겠습니다.

오타니 쇼헤이 선수가 작성한 만다라 차트는 어떠한 점이 대단할까?

일본이 자랑하는 메이저리거 오타니 쇼헤이 선수. 2023년 3월에 개최된 제5회 월드 베이스볼 클래식(WBC)에서 대활약한 장면이 아직도 생생하게 기억에 남아 있습니다. 그 오타니 선수가 고등학교 시절에 작성한 것으로 알려진 '목표 달성 시트'는 아마 TV나 신문 등을 통해 이미 보신 분들도 많으실 텐데요. 이 시트의 원형이 바로 이 책에서 소개하는 '만다라 차트'입니다.

만다라 차트란 주식회사 클로버 경영연구소의 마쓰무라 야스오 씨가 1979년에 불교의 지혜인 '만다라 그림(曼陀羅圖)'에서 힌트를 얻어 개발한 3×3의 9칸으로 구성된 차트입니다. 생각한 것을 칸 안에 적어 넣기만 하면 온갖 목표 달성이나 문제 해결을 위한 최단 경로를 제시해주는 최강의 사고 도구로써, 비즈니스는 물론 개인적인 영역 등 다양한 분야에서 활용되고 있습니다.

그렇다면 오타니 쇼헤이 선수가 고등학교 시절에 작성한 만다라 차트(22~23페이지 참고)는 어떠한 점이 대단했을까요? 만다라 차트에는 3×3으로 이루어진 9칸짜리 A형 차트와 이를 더 자세히 분석하고 발전시킨 9×9로 이루어진 81칸짜리 B형 차트가 있는데, 오타니 선수가 작성한 것은 후자였습니다. 만다라 차트의 중심에는 그 만다라 차트가 무엇을 위해 만들어졌는지, 그 주제를 적어 넣습니다. 오타니 선수의 주제는 '드래프트1 8구단', 즉, 8개의 구단에서 드래프트 1위로 지명을 받겠다고 하는 목표를 달성하기 위해 이 만다라 차트를 작성한 것입니다. 그리고 그 목표를 이루는 데 필요하다고 생각한 8가지 분야가 그 주제의 주변에 적혀 있습니다. '운', '멘탈', '제구', '구속(球速) 160km/h', '인간성', '몸 만들기', '구위', '변화구'라는 8가지 요소입니다. 그리고 이 8가지 분야가 중심 칸의 주변 영역에 더 자세하게 전개되어 있습니다.

이 만다라 차트의 놀라운 점은 오타니 선수가 여기에 적은 내용을 실제로 실현했다는 점입니다. 또한, 주제 주변에 배치된 8가지 분야들이 각각 '유기적으로' 연결되어 있다는 점도 대단하다고 생각합니다. 특히 주목할 부분은 '몸 만들기'나 '멘탈' 등 야구와 직접 관련된 분야뿐만 아니라 '운'이라는 항목에도 중점을 둔 것입니다. 여기에 적혀 있는 '쓰레기 줍기'나 '인사' 등 구체적인 행동은 그가 미국 메이저리그에 진출한 후에도 계속해서 실천하고 있다고 합니다. 즉, 그가 고등학교 1학년 때 작성한 이 만다라 차트가 목표를 세운 후 행동을 습관화하는 힘을 제공한 것이 아닐까 생각합니다.

하지만 많은 사람이 이 오타니 선수의 만다라 차트를 보면서 '이것은 오타니 선수가 대단한 사람이라서 이런 식으로 쓸 수 있었던 것이 아닐까?'라고 생각할지도 모르겠네요. 물론 오타니 선수가 위대한 사람이라는 점은 의심의 여지가 없지만, 그와 같은 특별한 사람만이 이런 식으로 만다라 차트를 작성할 수 있다고 단정해서는 안 됩니다.

사실 만다라 차트 자체에는 특별한 힘이 숨겨져 있어서 누구나 적절한 지도를 받기만 하면 이 차트의 혜택을 누릴 수 있습니다. 이 책에서는 제가 개발한 '마법의 질문'과 만다라 차트를 결합해서, 누구나 쉽게 이를 목표 달성과 문제 해결을 위한 강력한 도구로 활용할 수 있는 방법을 소개하고자 합니다.

오타니 선수가 고등학생 시절에 만든 만다라 차트

몸 관리	영양제 먹기	FSQ (프론트 스쿼트) 90kg	인스텝 개선	몸통 강화	회전축 흔들리지 않기
유연성	몸 만들기	RSQ (백 스쿼트) 130kg	릴리스 포인트 안정	제구	불안정함 없애기
스태미너	가동 범위	식사 (저녁 7그릇, 아침 3그릇)	하체 강화	몸 열리지 않게 하기	멘탈 컨트롤
뚜렷한 목표, 목적을 가진다.	일희일비하지 않기	머리는 차갑게, 심장은 뜨겁게	몸 만들기	제구	구위
위기에 강하게	멘탈	분위기에 휩쓸리지 않기	멘탈	8구단 드래프트 1순위	구속 160km/h
마음의 파도를 만들지 않기	승리에 대한 집념	동료를 배려하는 마음	인간성	운	변화구
감성	사랑받는 사람	계획성	인사하기	쓰레기 줍기	야구부실 청소
배려	인간성	감사	물건을 소중히 쓰자.	운	심판을 대하는 태도
예의	신뢰받는 사람	지속력	플러스 사고	응원받는 사람이 되자.	책 읽기

각도를 만든다.	공을 위에서 던진다.	손목 강화
힘 모으기	구위	하체 주도
볼을 앞에서 릴리스	회전수 증가	가동 범위
축을 중심으로 회전하기	하체 강화	체중 증가
몸통 강화	구속 160km/h	어깨 주변 강화
가동 범위	라이너 캐치볼	투구 수 늘리기
볼 카운트 늘리기	포크볼 완성	슬라이더 구위
낙차가 있는 느린 커브볼	변화구	좌타자 상대 결정구
직구와 같은 폼으로 던지기	스트라이크에서 볼로 떨어지게 제구	거리를 상상하기

이것이 오타니 쇼헤이 선수가 고등학교 1학년 때 작성한 만다라 차트(목표 달성 시트)입니다.

제1장. 세계에서 활약하는 사람들이 활용·실천하고 있는 만다라 차트란? **23**

만다라 차트는 사고의 깊이를 넓히는 데 효과적이다

여러분은 이미 오타니 쇼헤이 선수를 통해 만다라 차트가 목표 달성을 위한 도구라는 사실을 알고 계실 테지요. 그런데 왜 만다라 차트는 목표 달성에 강력한 효과를 발휘하는 것일까요? 그 이유는 만다라 차트는 '사고의 깊이를 넓히는 데' 효과가 있기 때문입니다.

만다라 차트의 사용법을 알면 알수록 우리들의 사고는 점점 더 깊이 확장되어갑니다. 우리가 안고 있는 문제와 그 원인을 좀 더 명료하게 파악할 수 있게 되어 더 구체적인 행동으로 이어지게 되지요.

여기서는 만다라 차트가 어떻게 우리의 사고를 깊이 확장시켜 주는지를 살펴보도록 하겠습니다.

만다라 차트에는 A형 차트(25페이지 그림)와 B형 차트(27페이지 그림)의 2가지 종류가 있습니다. A형 차트는 만다라 차트의 기본형으로 3×3의 9칸으로 이루어져 있으며, B형 차트는 이를 더 심층적으로 다루기 위한 차트입니다.

기본형인 A형 차트에서는 정중앙에 있는 칸을 '중심 영역'이라고 부릅니다. 만다라 차트를 작성할 때 가장 먼저 정중앙 칸의 상단에 목표나 과제 등 주제를 써넣으시면 됩니다. 예를 들어, '월수입 100만 엔 도달하기'나 '야근 적게 하기' 등을 적어볼 수 있겠네요. 중심 영역에 자신의 목표나 과제를 적음으로써, 해당 차트가 무엇을 위해 작성되는지, 자신이 무엇을 목표로 하고 있는지를 명확하게 인식할 수 있게 됩니다.

A형 차트의 구조

F 제목	C 제목	G 제목
F영역	C영역	G영역
B 제목	주제	**D** 제목
B영역	중심 영역	D영역
E 제목	**A** 제목	**H** 제목
E영역	A영역	H영역

중심 영역 주변에는 A부터 H까지 총 8개의 영역이 있습니다. 여기에는 목표나 과제에 대해 떠오르는 생각을 계속해서 적어 나갑니다(구체적인 만다라 차트 작성 방법은 후에 자세히 설명하겠습니다).

그렇다면 B형 차트는 어떤 모양일까요? 바로 A형 차트의 각 칸을 다시 3×3의 9칸으로 나눈 형태입니다.

이 B형 차트는 나무와 같은 구조로 이루어져 있습니다. 즉, 정중앙 영역이 나무로 치면 줄기(트렁크)에 해당하고, 주위에 있는 A부터 H까지의 원이 나무의 가지(브랜치), 그리고 그 주변 영역이 나무의 잎사귀(리프)처럼 되어 있습니다.

B형 차트의 중심 영역에는 A형 차트의 A부터 H영역까지 내용을 적고, 그것을 가지 삼아 B형 차트의 A부터 H 칸까지 확장해 나갑니다. 즉, '줄기' → '가지' → '잎'이라는 순서로 A형 차트의 사고를 더욱 심층적으로 발전시켜 나가는 구조입니다.

B형 차트는 칸이 많아 일견 어렵게 느껴질 수 있지만, 전혀 그렇지 않습니다. 자세히 보면 A형 차트의 A부터 H칸에 작성한 내용을 더 자세하게 전개한 것뿐이라는 사실을 알 수 있을 것입니다.

예를 들어, 야근을 줄이기를 목표로 A형 차트를 만들고, 그중 B 영역에 '업무 효율화'라는 제목을 붙였다고 가정해봅시다. 업무 효율화를 위한 아이디어가 계속 떠오르는 경우, 해당 영역을 다시 3×3 칸으로 나눠 떠오르는 생각을 적어 나가면 그 차트는 자연스럽게 B형 차트가 됩니다.

따라서 일단, A형 차트에 떠오르는 생각을 편하게 적어두고, 그 생각이나 발상을 더 심층적으로 발전시키고 싶을 때 B형 차트로 전환하면 됩니다.

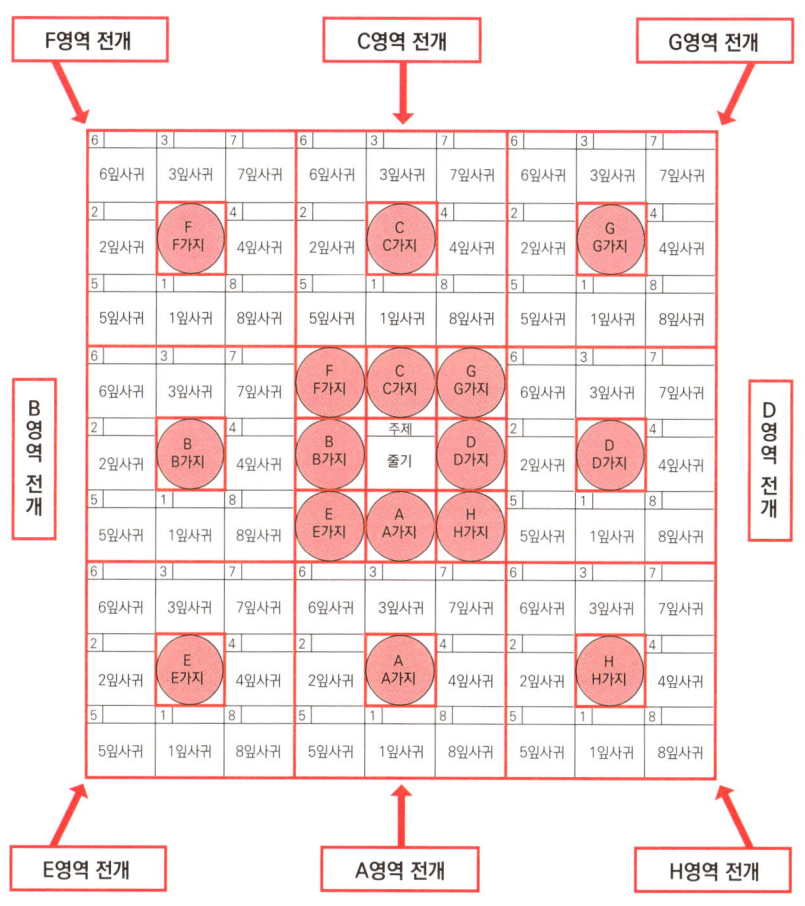

제1장. 세계에서 활약하는 사람들이 활용·실천하고 있는 만다라 차트란?

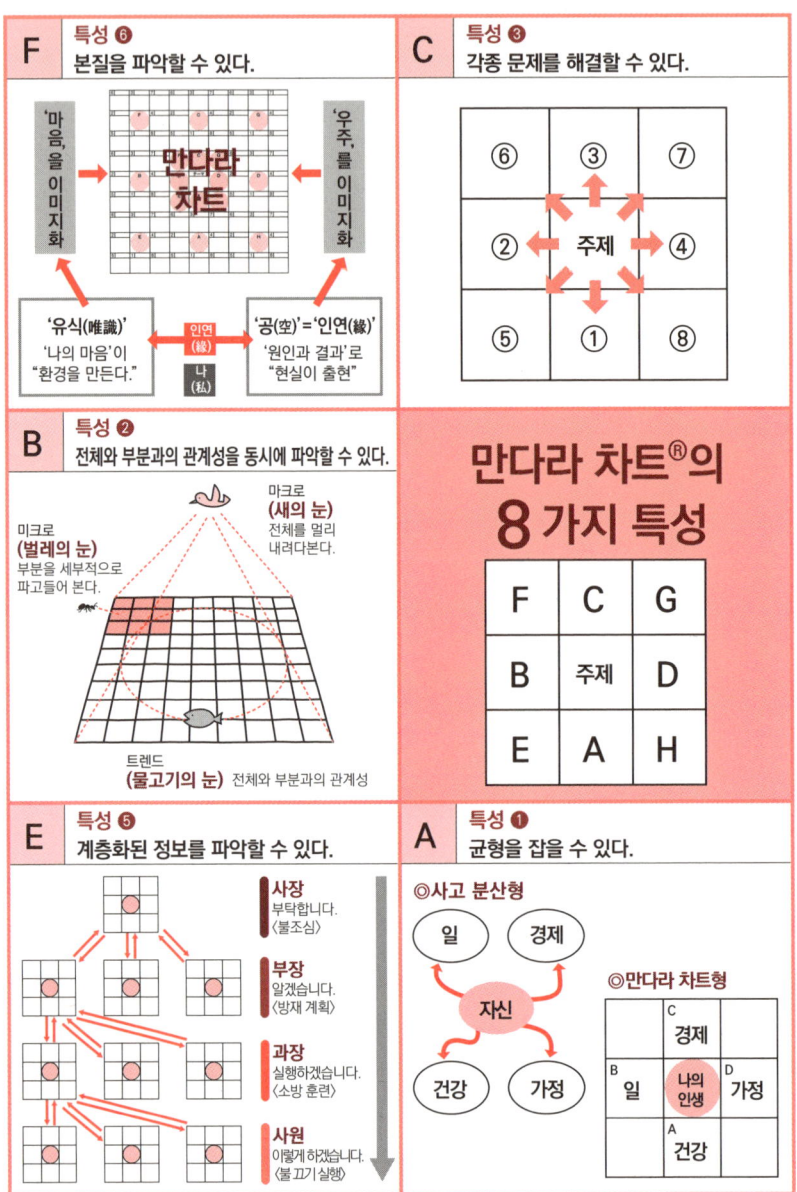

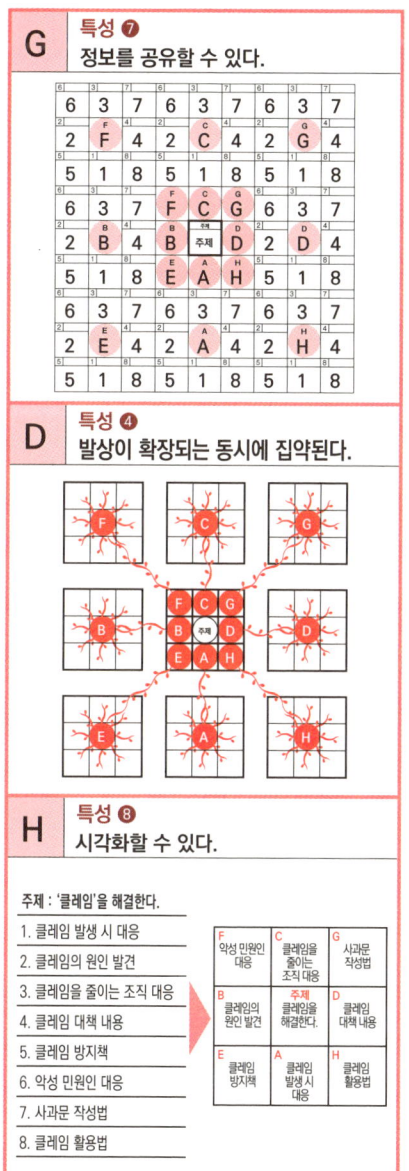

특성 1 균형을 잡을 수 있다

'여러분의 꿈이나 목표는 무엇인가요?'라는 질문을 받으면 무엇이 떠오르나요? 아마 승진하고 싶다거나 결혼하고 싶다는 등 꿈이나 목표가 한 가지가 아닌 여러 가지가 떠오르는 분들이 많을 것입니다. 이러한 꿈이나 목표를 이루려고 할 때 많은 사람들은 '사고 분산형', '일점 집중형', '단계형' 중 한 가지 방식을 선택하려고 합니다.

사고 분산형이란 자신이 이루고 싶은 것이 막연하고, 산만하게 흩어져 있는 상태를 말합니다. 이 유형은 어느 목표에도 집중할 수 없다는 단점이 있습니다. 이것과는 정반대인 유형이 바로 일점 집중형입니다. 이 방식은 목표를 하나로 압축하고 그 목표를 위해 모든 자원을 쏟아붓습니다. 하지만 이러한 방식은 하나뿐인 목표를 이루지 못했을 때 재기 불능에 빠질 우려가 있습니다. 이른바 번아웃 증후군에 빠지게 되는 것이지요. 또한, 인생을 균형 있게 살지 못하기 때문에 노력한 분야 이외의 것에는 소홀해지는 경향이 있습니다. 그리고 단계형은 여러 가지 목표를 순서대로 이루려고 하는 방식입니다. 이 방식 역시 현재 집중하고 있는 분야 이외의 후순위로 밀린 분야는 소홀해질 수 있다는 단점이 있습니다. 즉, 어떤 방식을 택해도 결국 인생의 균형이 무너질 수 있습니다.

하지만 만다라 차트는 이러한 단점을 모두 해결해줍니다. 3×3의 9칸에 자신의 꿈과 목표를 적어 나가면 여러 목표를 균형 있게 이룰 수 있습니다.

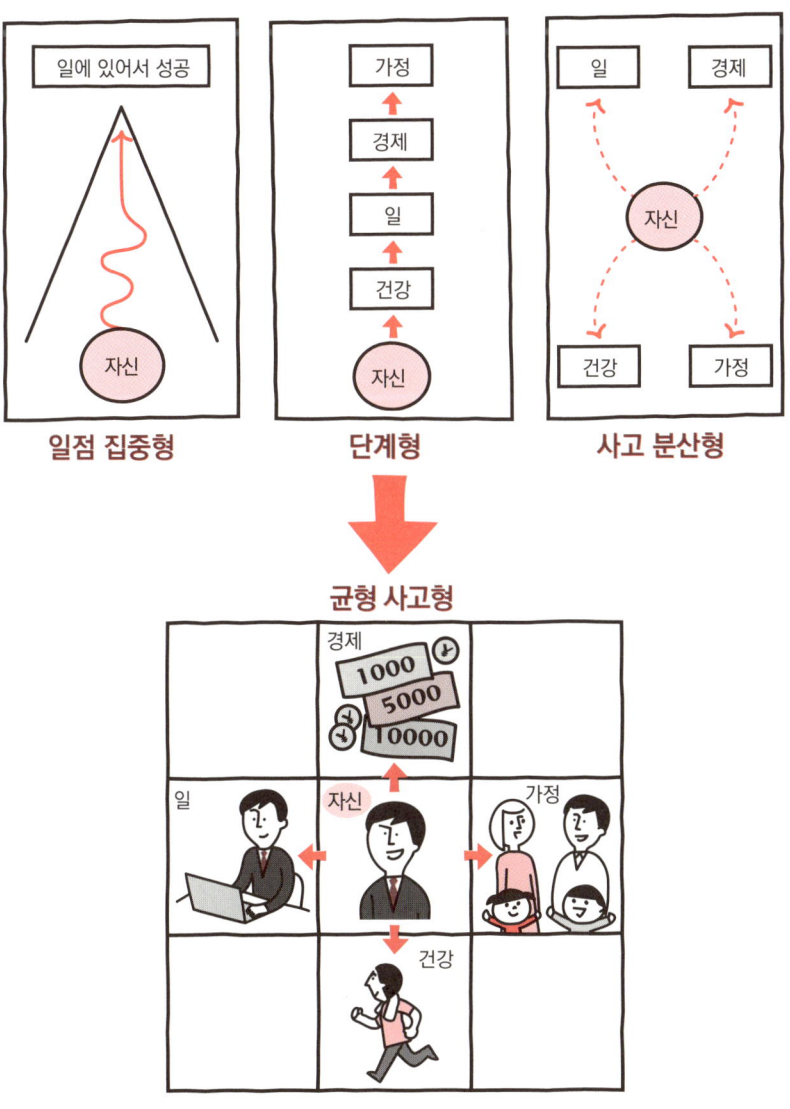

만다라 차트에서 목표는 동시에 진행해도 달성할 수 있다.

특성 2 전체와 부분과의 관계성을 동시에 파악할 수 있다

만다라 차트를 가만히 바라보고 있으면, 이전에는 전혀 생각지 못했던 다양한 것들을 갑자기 깨닫게 되는 경우가 있습니다. 이러한 깨달음은 한두 번이 아니라 연속적으로 찾아오며, 그동안 정체되었던 일들이 물꼬가 트이듯 한꺼번에 진행되기 시작하는 경험을 할 수도 있습니다. 이는 만다라 차트에는 3가지 관점이 있어서, 하나의 사물을 여러 관점과 각도에서 바라볼 수 있기에 새로운 깨달음과 발상이 생겨나기 쉬워지기 때문입니다. 만다라 차트가 지닌 3가지 관점은 높은 곳에서 전체를 멀리 내려다볼 수 있는 '새의 눈(마크로 관점)', 부분을 세부적으로 파고들어 볼 수 있는 '벌레의 눈(미크로 관점)', 그리고 전체와 부분과의 관계성을 볼 수 있는 '물고기의 눈(트렌드)'입니다.

만다라 차트에는 3×3의 9칸으로 구성된 A형 차트가 있으며, 그것을 더 상세하게 전개한 81칸으로 구성된 B형 차트가 있습니다. B형 차트에는 A형 차트가 포함되어 있어, 전체라는 큰 틀을 보면서 동시에 부분을 볼 수 있습니다. 또한, 더 나아가 부분이 전체와 어떻게 관련되어 있는지, 전체가 부분에 어떻게 관련되어 있는지도 세세하게 볼 수 있도록 구성되어 있습니다. 그리고 이러한 방식으로 사물을 여러 관점에서 동시에 바라보게 되면, 우리의 뇌가 자극을 받아 '번뜩이는 영감'이 생겨나기 쉬워지는 것이지요. 만다라 차트는 우리에게 3가지 관점을 제공하며, 창의성을 개발할 수 있도록 도와줍니다.

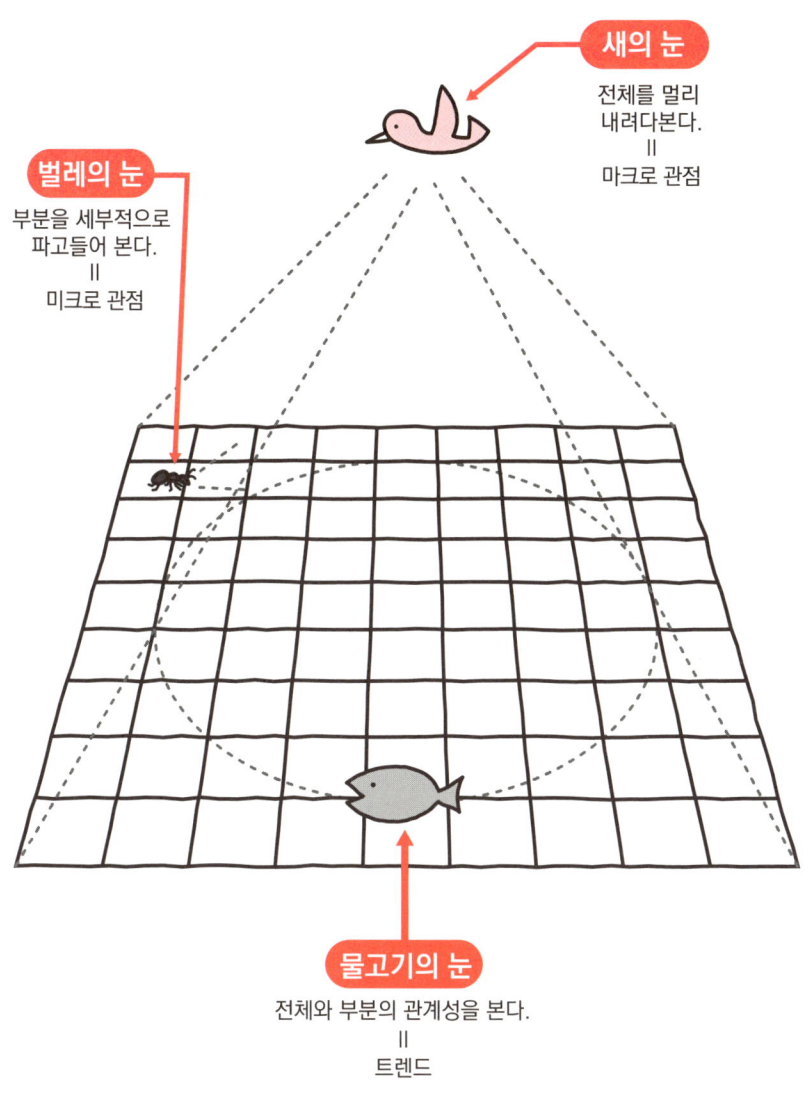

제1장. 세계에서 활약하는 사람들이 활용·실천하고 있는 만다라 차트란? 33

특성 3 각종 문제를
해결할 수 있다

　만다라 차트는 에도 시대에 활동했던 하이쿠 시인 마쓰오 바쇼(松尾芭蕉)가 남긴 '부역유행(不易流行)'이라는 단어를 실제로 구현하는 방법론입니다. 부역유행의 '부역(不易)'이란 '변하지 않는 것, 변해서는 안 되는 것'을 의미하고, '유행(流行)'이란 '변해가는 것'을 뜻합니다. 하이쿠의 세계에서 5·7·5 형식과 키고(季語)라고 하는 계절을 나타내는 단어가 반드시 들어가야 한다는 규칙은 절대 변하지 않는 불변의 규칙이지만, 그 규칙 안에서 표현되는 것들은 시대에 따라 변합니다.

　만다라 차트 역시 3×3의 9칸으로 구성되며, 중심핵에는 주제나 자기 자신을 놓고, 그 주변에 최대 8가지 요인을 적는다는 규칙은 절대 변하지 않습니다.

　하지만 이 규칙 안에서 이루어지는 문제 해결이나 목표 달성 등의 내용은 실로 매우 다양합니다. 예를 들어, 만다라 차트는 경영 계획이나 인생 계획에도 활용할 수 있고, 창의적으로 응용하면 스케줄 관리에도 사용할 수 있습니다. 또한 조직의 구조도를 그리거나 프로젝트를 되돌아보는 데 활용하거나, 개인적인 추억을 기록하는 도구로도 사용할 수 있습니다. 만다라 차트는 사용하는 사람의 수만큼이나 그 용도 또한 다양합니다.

　3×3의 9칸으로 구성된 '그릇'이 제대로 만들어졌기 때문에, 그 안에 어떤 내용을 담아도 괜찮은 것이지요. 부역유행의 개념을 구현하는 만다라 차트는 각종 문제를 해결할 수 있는 '안정성'과 '자유로움'을 겸비하고 있다고 할 수 있습니다.

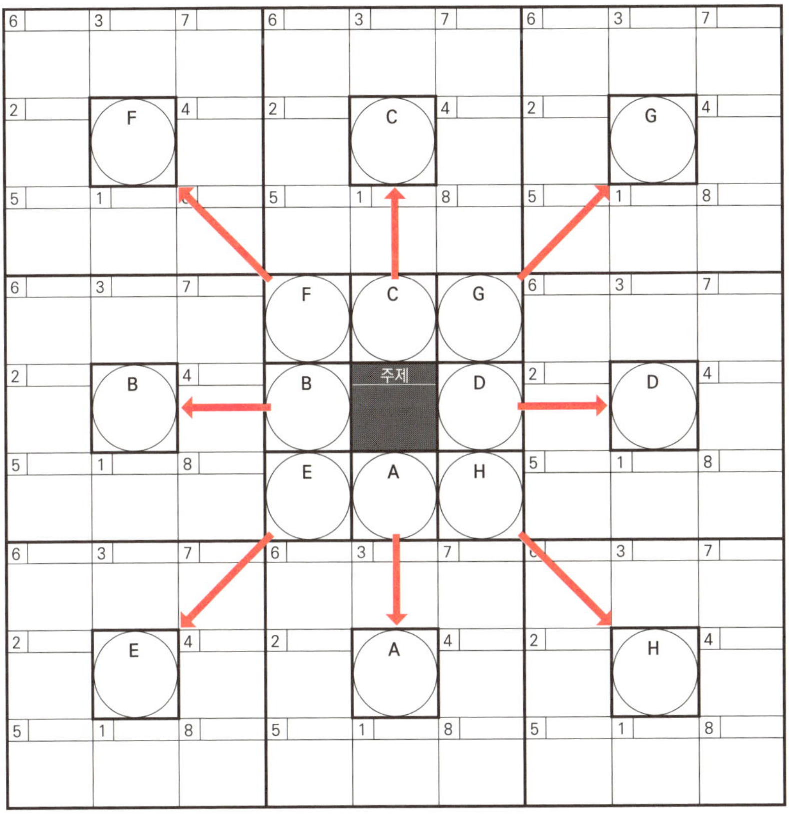

만다라 차트는
중심핵을 지닌 3×3의 빈칸(부역)에,
다양한 내용(유행)을 집어넣을 수 있습니다.

제1장. 세계에서 활약하는 사람들이 활용·실천하고 있는 만다라 차트란? 35

특성 4 발상이 확장되는 동시에 집약된다

아이디어도 좀처럼 떠오르지 않고 발상력도 부족한 것 같다…. 이런 고민을 하고 계신 분들이 적지 않을 것으로 생각합니다. 그런 분들일수록 수많은 빈칸이 있는 만다라 차트를 마주했을 때 압박감을 느끼게 됩니다. 그러고는 '이 많은 칸을 채울 만큼의 아이디어가 떠오를까?' 하고 걱정하게 되는 것이지요. 하지만 그런 걱정은 할 필요가 없습니다. 만다라 차트라고 하는 도구는 일단 쓰기 시작하면 자연스럽게 발상이 떠오르기 때문입니다. 그리고 '나는 발상력이 없어서 고민이야'라고 생각하는 여러분들은, 사실 발상력이 없는 게 아닙니다. 그저 발상하기 위한 도구를 만나지 못했을 뿐입니다.

만다라 차트에는 칸이 있습니다. 이 칸에 맞춰 생각한다는 것에는 실로 신기한 힘이 있습니다. 해보시면 아시겠지만, 칸을 채우기 시작하면 자연스럽게 모든 칸을 채우고 싶어집니다.

마인드맵처럼 일단 생각나는 것을 가지 치며 적어 나가는 방법은 아이디어를 내기 쉽다는 장점이 있습니다. 반면, 생각이 너무나 자유롭게 확장되어 수습하기 어려워진다는 단점 또한 존재하지요. 부분과 부분 사이의 관계성도 이해하기 어려워지고요. 하지만 만다라 차트는 중심핵에서부터 바깥쪽을 향해 자유로운 발상을 불러일으키면서도 9칸으로 마무리 짓기 때문에, 발상이 지나치게 확장되지 않고 '집약'되어 '이해하기 쉬워지는 것'입니다.

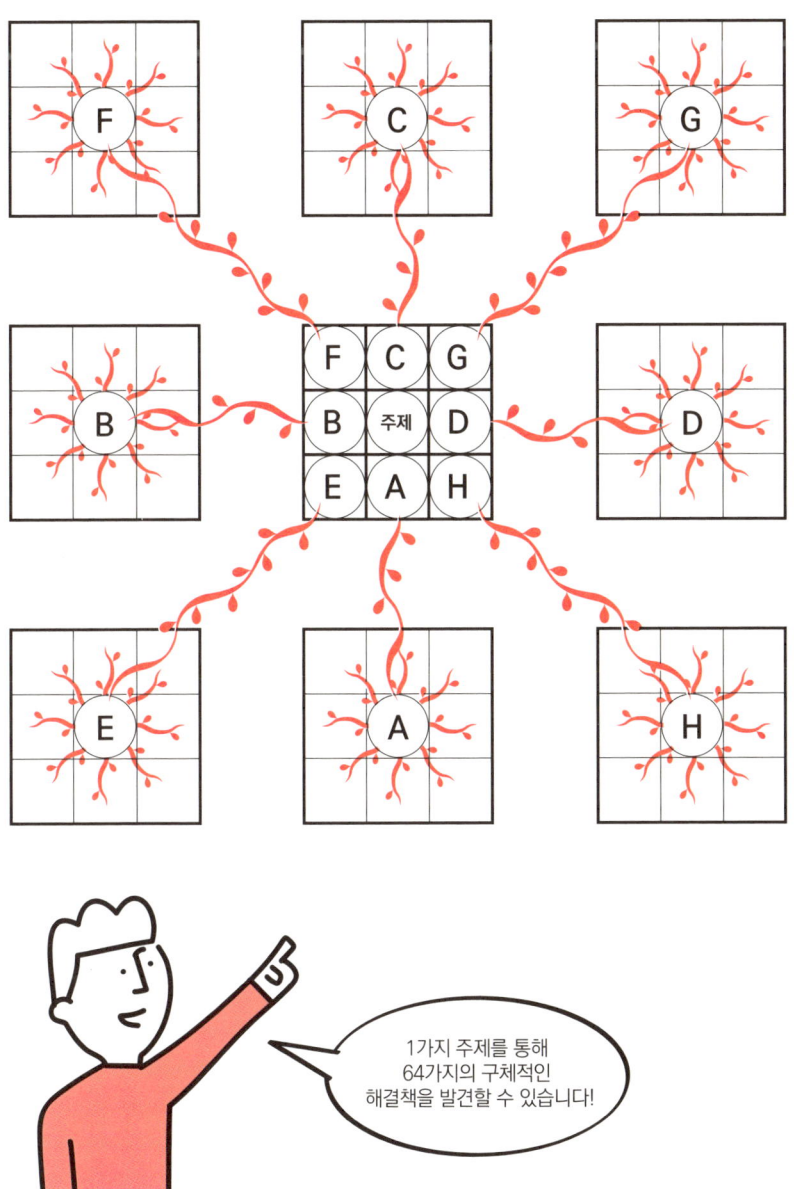

특성 5 계층화된 정보를 파악할 수 있다

　마인드맵이나 로직 트리를 사용해본 적 있는 분이라면 아시겠지만, 마인드맵이나 로직 트리는 중심 혹은 꼭대기에서부터 자유롭게 발상이 뻗어 나가지만, 가지 부분에 적힌 아이디어와 원래의 중심 주제와의 관계를 이해하기 어렵다는 단점이 있습니다. 또한, 가지에 적힌 아이디어들끼리도 유기적으로 연결되지 않아 각각 독립적으로 존재하는 것처럼 보입니다.

　이렇듯 마인드맵이나 로직 트리의 경우 발상은 자유롭게 생겨나기 쉬운 반면 전체와 부분, 부분과 부분 사이의 관계성은 이해하기 어려워집니다.

　하지만 만다라 차트를 사용하면 상위 계층과 하위 계층 간의 유기적인 연결이 한눈에 보일 뿐만 아니라, 하위 계층의 각 항목들 간의 연결도 시각화되어 명확히 드러나게 되는 것입니다. 예를 들어, 회사의 조직도를 로직 트리 형태의 세로형 계층도로 그리는 것과 만다라 차트 형태로 그리는 것에는 큰 차이가 있습니다.

　전자는 단순히 계층을 나타내는 데 그치지만, 후자는 어떤 부서가 다른 부서와 어떻게 유기적으로 연결되어 있는지, 어떤 이슈(문제)를 공유하고 있는지, 그리고 중심핵에 있는 목적을 위해 어떻게 기여해야 하는지가 명확히 보이게 됩니다. 만다라 차트는 논리성과 시각성을 겸비한 방법입니다.

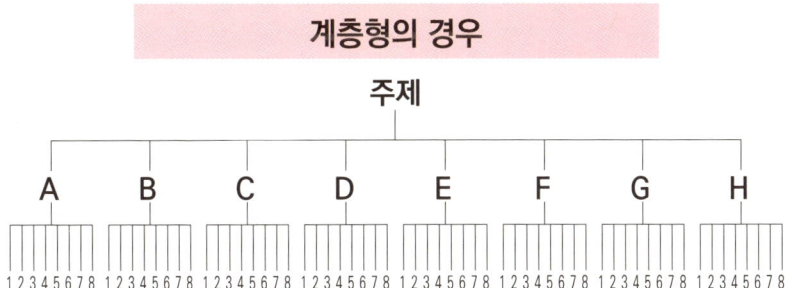

- 주제에 대한 의식이 희박해진다.
- 아래의 계층들 사이의 유기적인 연결을 발견하지 못한다.

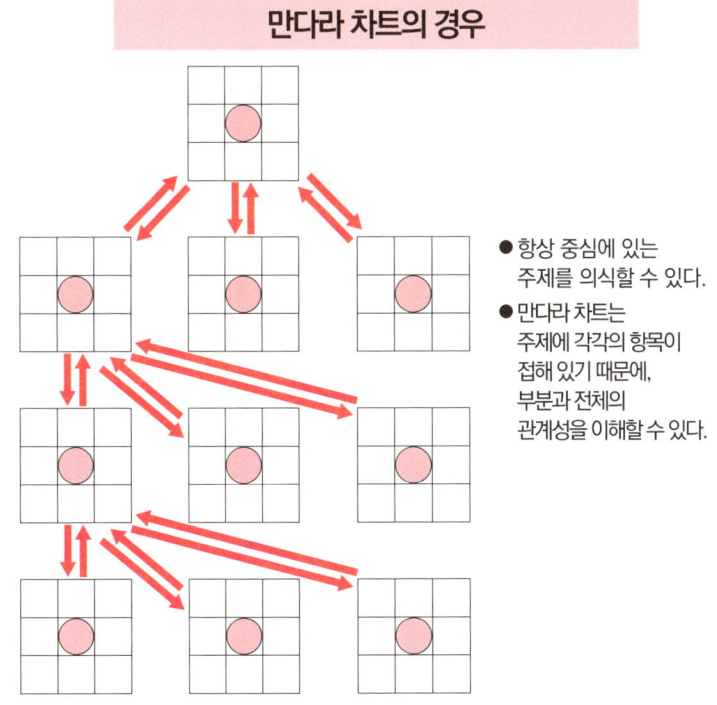

- 항상 중심에 있는 주제를 의식할 수 있다.
- 만다라 차트는 주제에 각각의 항목이 접해 있기 때문에, 부분과 전체의 관계성을 이해할 수 있다.

특성 6 본질을 파악할 수 있다

　만다라 차트는 만다라 그림이라고 하는 불교의 지혜를 기반으로 만들어졌습니다(자세한 내용은 52페이지, 108페이지 이후에서 설명). 만다라 차트가 만다라 그림과 동일하게 3×3의 9칸으로 구성된 것은 불교의 만다라가 지닌 '본질적인 것을 파악할 수 있다'라는 특성을 끌어내기 위함이었습니다. 만다라 그림은 '우주의 본질이 공(空)이라는 것'과 '마음이 우리의 인생을 만든다 = 유식(唯識)'이라는 2가지 개념을 표현하고 있습니다.

　자세한 내용은 뒤에서 설명하겠지만, 우주의 본질이 공이라는 것은 이런 의미입니다. 여기 어떤 사람이 있다고 가정해봅시다. 그 사람을 누가 바라보느냐에 따라, 즉 서로의 관계성에 따라 그 사람의 본질은 여러 가지로 변하게 됩니다. 이 모든 것은 실체가 없으며, 상호 관계성에 따라 본질이 결정된다는 것을 불교에서는 '공(空)'이라고 표현합니다. 또한, 이 세상에 존재하는 것은 마음의 상태에 따라 달라진다는 사고방식이 유식(唯識)입니다. 이는 언뜻 '뱀'처럼 보였던 것이 가까이 다가가 보니 사실 '밧줄'이었다는 것을 알아차렸고, 더 깊이 생각해보니 그 밧줄은 단순히 '볏짚'의 집합체에 불과하다는 것을 깨달았다는 현상으로 설명할 수 있습니다. 볏짚이 왜 밧줄로 보였는가 하면, 우리가 그것을 '밧줄'로 인식하고 싶었기 때문이며, 그 밧줄이 뱀으로 보였던 것은 우리들이 두려움을 느꼈기 때문입니다. 이처럼 세상이라는 것은 마음이 만들어내는 것이며, 우리의 마음이 변하면 세상도 변합니다. 만다라 차트를 사용하면 사물의 본질을 자연스럽게 이해할 수 있게 됩니다.

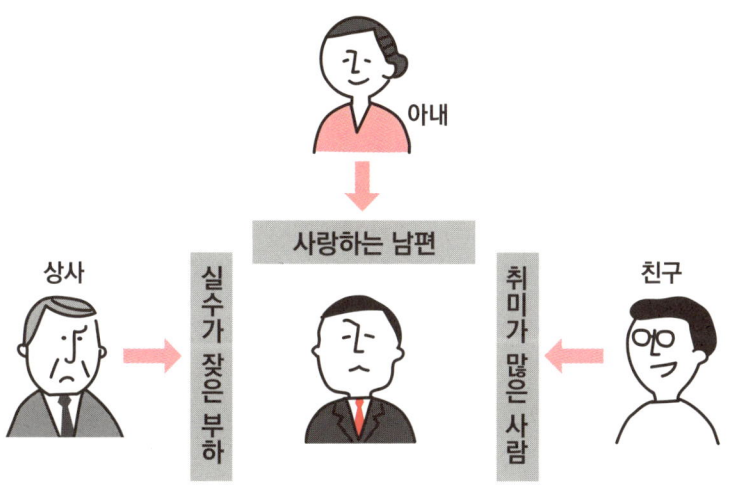

사실은 밧줄이 떨어져 있을 뿐인데, 그것이 뱀으로 보여 깜짝 놀라는 경우가 있습니다. 그것은 우리 마음이 '두려움'을 갖고 있었기 때문에 줄이 뱀으로 보인 것입니다.
하지만 그 밧줄을 자세히 살펴보면 원래는 볏짚으로 만든 것에 불과하다는 사실을 알 수 있습니다. 이것이 바로, 세상은 우리의 마음이 만들어내고 있다는 것입니다.

정보를 공유할 수 있다

특성 7

 만다라 차트에서 A형 차트의 경우, 중심핵을 제외한 영역에 A에서 H까지 기호가 부여되며, 그것을 더 상세하게 전개한 B형 차트에서는 43페이지에 제시된 것처럼 중심핵 영역의 정중앙에 주제(이 칸을 '줄기(트렁크)'라고 부름)가 위치하고, 그 주변 칸에는 A에서 H까지가 배정됩니다. 그리고 이것들이 다시 중심 영역의 주변에 있는 8개의 영역('가지(브랜치)'라고 부름)의 중심핵이 됩니다. 8개의 영역의 중심핵 이외의 칸('잎사귀(리프)'라고 부름)에는 1에서 8까지 숫자가 일정한 규칙에 따라 배정됩니다. 이 기호와 숫자는 만다라 차트상에서 위치를 나타내는 일종의 '주소'와 같은 역할을 합니다.

 따라서 A에서 H까지, 그리고 1에서 8까지의 배정 순서를 일단 외워두면, 'D의 2'라고 말하는 순간, 어떤 영역을 가리키는지 즉시 알 수 있게 됩니다. '매출에 관해 쓴 곳을 봐주세요'라고 하면 혼란스러울 수 있지만, 'E의 3'이라고 하면 즉시 참고할 수 있는 것이지요.

 이렇게 하면 정보 공유가 용이해집니다. 만다라 차트는 개인이 작성해서 활용할 수도 있지만, 여러 그룹이 같은 주제의 만다라 차트를 만들어 문제 해결이나 상품 개발, 계획 수립 등에 사용할 수도 있습니다. 이럴 때 각 영역에 주소가 있는 것이 매우 유용하게 작용합니다.

- 중심 영역, 각 영역, 각 잎사귀에 주소(번지)가 붙어 있기 때문에, 여러 사람들이 복잡한 정보를 공유할 수 있다.
- 회의, 강연자료, 교재 등에 효과적이다.
- 각 영역, 각 잎사귀에 주소(번지)를 설정할 수 있기 때문에, 인생 설계 등을 작성할 때 효과적으로 활용할 수 있다.

특성 8 시각화할 수 있다

 만다라 차트의 강점은 무엇보다도 이 3×3의 9칸으로 구성된 비주얼에 있습니다. 실제로 사용해보면 누구나 감탄을 금치 못할 것입니다.
 예를 들어, 45페이지의 도표를 비교한 것을 봐주시기 바랍니다. 여러 정보를 줄줄이 항목으로 나열한 경우에는 이런 식으로 보입니다. 물론 적힌 내용을 이해할 수는 있지만, 머리에 쏙 들어올까요? 대부분의 경우, 꼼꼼히 읽지 않으면 전체적인 모습을 파악하기 어려울 것입니다. 물론 각 항목 사이의 관계성도 즉각 이해하기 어려울 테고요.
 이것은 로직 트리와 같은 구조도 마찬가지입니다. 로직 트리를 볼 때는 가지를 여러 번 오가며 무슨 내용이 작성되어 있는지를 파악해야 하므로 전체상을 파악하기 어려울 뿐만 아니라, 가지들 사이의 관계성도 바로 머리에 와 닿지 않습니다.
 하지만 만다라 차트의 경우에는, 가장 중요한 주제를 중심으로 그 주변에 8개의 요소가 전개되어 전체적인 모습을 한눈에 쉽게 파악할 수 있을 뿐만 아니라, 부분과 부분 사이의 관계성도 바로 이해할 수 있습니다.
 이처럼 시각화가 잘되어 있으면 일단 이해가 쉬워지고, 이해가 쉬우면 인상에 남기 쉬우며, 인상에 남으면 나중에 다른 사람에게 설명하기도 용이해집니다.

항목별로 작성한 것과 만다라 차트로 작성한 것의 차이점

[항목으로 작성한 경우] … 문자가 나열되어 있다는 인상을 준다.

★사례 : 클레임을 해결한다.

A. 클레임 발생 시의 대응
  ① 일단 사과한다.
  ② 변명하지 않는다.

B. 클레임의 원인 발견
  ① 현실 확인으로 문제를 파악한다.
  ② 원인을 이해하고 문제를 파악한다.

C. 클레임을 줄이기 위한 조직 대응
  ① 클레임 기록 카드
  ② 클레임 회의(D 영역에서 전개)

D. 클레임 대책 내용
  ① 3개월마다 점검한다.
  ② 롤플레잉으로 훈련

E. 클레임 방지 대책
  ① 환대하는 마음
  ② 미소와 정중한 말투

F. 진상 고객 대응
  ① 까다로운 고객
  ② 사실 확인

G. 사과문 작성법
  ① 잘못을 인정한다.
  ② 재발 방지 대책을 포함한다.

H. 클레임 활용법
  ① 이념 수립
  ② 경영 계획서에도 기재

[만다라 차트로 작성한 경우] … 정리가 되어 있고 시각적으로 이해하기 쉽다.

F 진상 고객 대응	C 클레임을 줄이기 위한 조직 대응	G 사과문 작성법
① 까다로운 고객 ② 사실 확인	① 클레임 기록 카드 ② 클레임 회의 　(D 영역에서 전개)	① 잘못을 인정한다. ② 재발 방지 대책을 포함한다.
B 클레임 원인 발견	**★사례**	**D** 클레임 대책 내용
① 현실 확인으로 　문제를 파악한다. ② 원인을 이해하고 　문제를 파악한다.	**클레임을 해결한다.**	① 3개월마다 점검한다. ② 롤플레잉으로 훈련
E 클레임 방지 대책	**A** 클레임 발생 시의 대응	**H** 클레임 활용법
① 환대하는 마음 ② 미소와 정중한 말투	① 일단 사과한다. ② 변명하지 않는다.	① 이념 수립 ② 경영 계획서에도 기재

만다라 차트는 항목별로 작성하는 것보다 더 시각적으로 머리에 쏙쏙 들어온다!

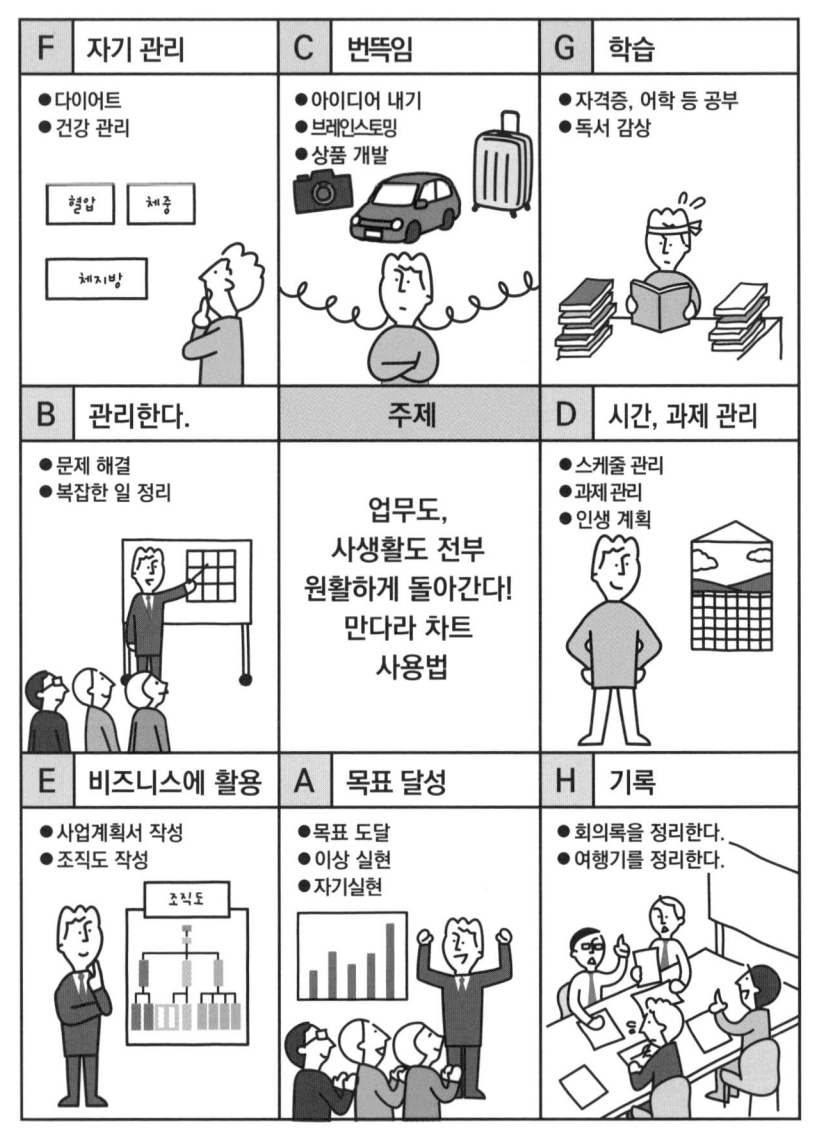

딱 이것만!
만다라 차트
활용법

만다라 차트는 목표 달성과 문제 해결을 위한 최강의 도구입니다. 3×3의 9칸으로 이루어진 A형 차트와 그것을 발전시킨 B형 차트는 겉보기에 어려워 보일지도 모릅니다. 하지만 그 활용법은 실제로 아주 단순하고 간단합니다.

왜 만다라 차트에는
신기한 힘이 있을까?

왜 만다라 차트에는 우리의 목표 달성이나 문제 해결을 도울 수 있는 신기한 힘이 있는 것일까요?

만다라 차트를 처음 접하는 사람들의 경우 대부분 '9개나 되는 칸에 무언가를 쓰려니 어려울 것 같다'라고 느끼는 듯합니다. 하지만 막상 적기 시작하면 뜻밖에도 칸을 전부 채워버리고 마는 것이지요.

왜냐하면 일단 중심핵에 목표나 과제를 적고, 그곳과 맞닿아 있는 4칸에 중심핵과 깊은 관련이 있는 사항을 적습니다. 그런 다음 중심핵과 접하지 않은 칸도 채워 넣으면 되는 것이지요. 대부분의 사람들은 여기에 무엇을 적으면 좋을지 망설이게 됩니다. 그런데 신기하게도 사람들은 총 9개의 칸 중 절반 이상을 채운 상태가 되면 '나머지 칸도 다 채워 이 차트를 완성하고 싶다!'라는 생각을 하게 마련입니다. 그래서 대부분의 사람들은 일단 만다라 차트를 작성하기 시작하면 시간이 걸리더라도 마지막 칸까지 채우려고 하지요.

그렇게 완성된 차트는 자주 들여다봅시다. 제1장에서도 언급했듯이, 만다라 차트의 개발자인 마쓰무라 야스오 선생님은 만다라 차트에는 3가지 관점이 있다고 설명하고 있습니다. 9칸 각각의 관계성을 들여다보고 있으면 사물을 다양한 관점에서 볼 수 있게 되고, 결과적으로 많은 깨달음을 얻게 될 것입니다. 이렇듯 부분과 전체와의 관계성에서 나오는 깨달음이야말로 만다라 차트의 신기한 힘이라고 할 수 있습니다.

만다라 차트는 3가지 눈을 겸비하고 있다?

6	3	7	6	3	7	6	3	7
2	주제 인격	4	2	주제 경제	4	2	주제 학습	4
5	1	8	5	1	8	5	1	8
6	3	7	**F** 인격	**C** 경제	**G** 학습	6	3	7
2	주제 일	4	**B** 일	주제 올해의 목표	**D** 가정	2	주제 가정	4
5	1	8	**E** 사회	**A** 건강	**H** 여가	5	1	8
6	3	7	6	3	7	6	3	7
2	주제 사회	4	2	주제 건강	4	2	주제 여가	4
5	1	8	5	1	8	5	1	8

만다라 차트는
전체를 멀리 내려다보는 새의 눈(마크로),
부분을 세부적으로 파고들어 보는 벌레의 눈(미크로),
전체와 각 부분의 관계성을 보는 물고기 눈(트렌드),
3가지 관점을 겸비하고 있습니다.
이러한 3가지 관점으로 바라보면
다양한 것을 알아차리기 시작할 것입니다.

만다라 차트는 목표 달성과 문제 해결에서 절대적인 힘을 발휘한다

만다라 차트는 사물의 전체와 부분 사이의 관계성을 한눈에 파악할 수 있는 특징이 있습니다. 그리고 그 전체와 부분 사이의 관계성으로부터 다양한 깨달음을 얻을 수 있기 때문에 '목표 달성'과 '문제 해결'에 있어 절대적인 힘을 발휘하지요.

그러면 목표 달성이나 문제 해결에 만다라 차트를 어떻게 사용할 수 있는지 구체적으로 살펴보도록 합시다. 먼저 만다라 차트를 목표 달성에 사용할지, 문제 해결에 사용할지를 결정합시다. 그리고 만약 목표 달성을 위해 차트를 작성하기로 했다면 중심핵에 여러분의 '목표'를 적습니다.

그리고 그 목표를 중심으로 주변 칸에 목표 달성을 위한 '아이디어'나 '힌트' 등 생각나는 것들을 적어 나가면 됩니다. 예를 들어, '연봉 1,000만 엔*을 달성하고 싶다'라는 목표를 갖고 있다면, 이를 달성하기 위해 현재 생각할 수 있는 아이디어나 방해 요인 등을 적어 넣는 것입니다.

또한 문제 해결을 위해 차트를 작성하는 경우는, 주변 칸에는 그 문제를 해결하는 방법, 반성할 점, 주의할 점 등을 적어 나가면 됩니다. 이처럼 만다라 차트는 중심핵에 적은 주제와 관련된 것이라면 무엇이든 주변 칸에 적어 나감으로써, 자연스럽게 그 내용에 깊이가 있게 되고, 막연했던 머릿속 생각이 명확하게 시각화되기 때문에 구체적인 행동으로 이어지기 쉽습니다.

---

* 우리나라 돈으로 약 9,400여 만 원입니다(2025년 9월 기준). - 편집자 주.

목표 달성 도구로써 사용한다

중심핵을 '목표'로 설정함으로써
계획력과 달성력이 UP

일
달성하고 싶은 목표,
업무 계획,
프로젝트 수립안

**중심핵
목표**

스케줄
1년 계획,
이번 달 계획,
인생 목표

개인적인 영역
취득하고 싶은 자격증,
어학 공부,
다이어트,
건강 관리

문제 해결 도구로써 사용한다

중심핵을 '과제'로 설정함으로써
생각이나 정보 정리가 진척된다.

일
문제 해결,
아이디어 내기,
브레인스토밍,
상품 개발

**중심핵
과제**

스케줄
야근을 줄인다,
휴일을 늘린다.

개인적인 영역
개인적인 구매 계획,
가족들의 고민,
여행 계획

만다라 차트는 왜
9칸으로 이루어져 있을까?

　만다라 차트는 불교의 한 종파인 밀교에서 사용되는 만다라 그림에서 힌트를 얻어 개발되었습니다. 만다라 그림이란 글을 읽지 못하는 사람들도 부처님의 가르침이나 이 우주의 구조를 한눈에 이해할 수 있도록 그려진 그림입니다. '만다라(曼陀羅)'는 불교의 발상지인 인도의 고대 언어인 산스크리트어로 '본질을 소유한 것(본질을 담고 있는 것)'을 의미하는 말입니다. 불교에서 말하는 본질이란 우주의 진리를 뜻하며, 이것을 모든 의미에서 터득했을 때 우리는 이른바 깨달음의 경지에 도달할 수 있다고 합니다.

　부처의 사후, 제자들은 이 우주의 진리를 누구나 쉽게 이해할 수 있도록 시각적으로 표현하고자 했습니다. 그 결과, 탄생한 것이 바로 만다라였지요. 만다라 그림은 우주의 진리를 그림으로 표현하고자 한 '지혜의 결정체'와도 같은 것입니다.

　만다라에는 태장계 만다라(胎藏界曼陀羅)와 금강계 만다라(金剛界曼陀羅) 2가지 종류가 있는데, 만다라 차트는 3×3의 9칸으로 구성된 금강계 만다라를 바탕으로 고안되었습니다. 금강계 만다라는 그 중심에 우주의 진리 자체를 구현한 비로자나불(대일여래)을 두고, 그 주변 8개의 칸에는 부처의 세계와 사람들의 구제 등 비로자나불의 지혜를 표현하고 있습니다.

　불교가 탄생한 이래 2,000년이 넘는 세월이 흘렀음에도 불구하고, 불교의 심오한 철학은 시대를 초월한 가치를 지니고 있습니다. 만다라 차트는 그러한 불교의 심오한 지혜가 담긴 도구인 것입니다.

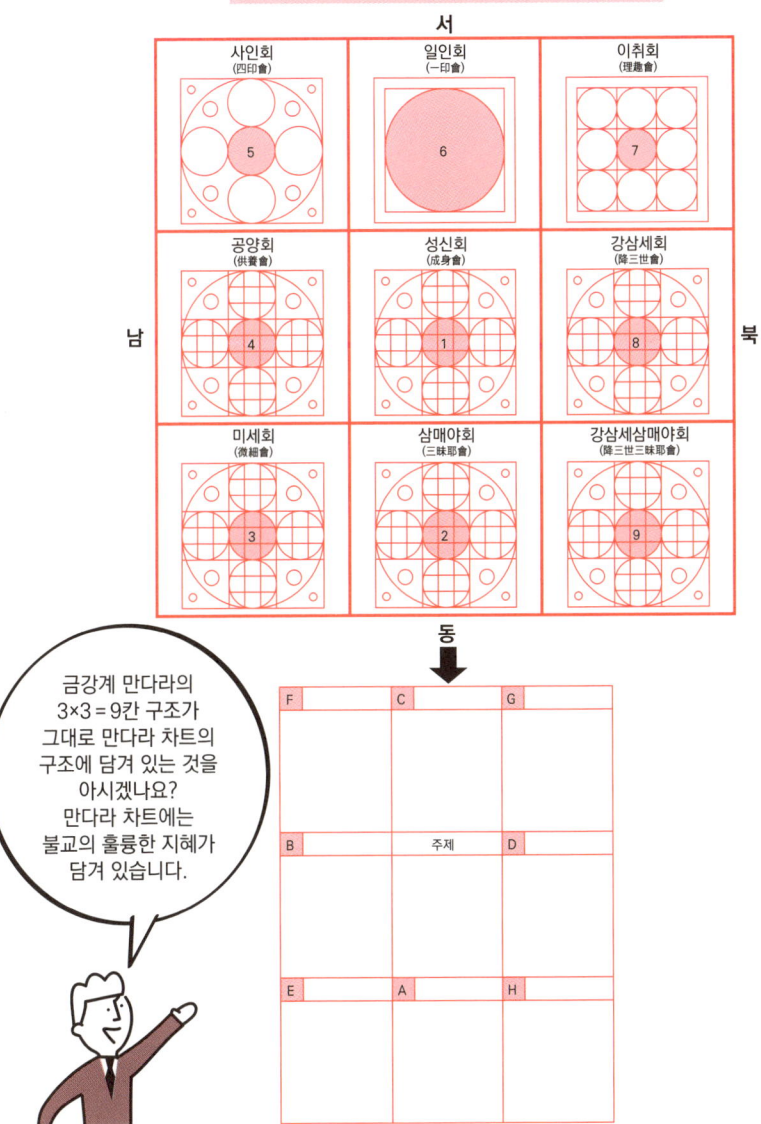

A형 차트를 채우는 순서는 금강계 만다라에서 유래되었다

자, 이제 만다라 차트를 작성하는 방법에 대해 구체적으로 살펴보겠습니다. A형 차트를 처음 보신 분은 A부터 H에 이르기까지 알파벳이 신기한 순서로 배치되어 있는 것에 다소 어색함을 느끼실지도 모릅니다. 중심핵 바로 밑에 A가 있고, 중심핵의 왼쪽에는 B가 있으며, 그 후에는 시계방향으로 D까지 배치한 후, 이번에는 왼쪽 아래의 칸이 E가 되고, 다시 시계방향 순으로 H까지 배치됩니다.

물론, A부터 H까지의 순서는 차트를 채워 나가는 순서이기도 합니다. 기본적으로 A를 채운 후에는 B, B를 채운 후에는 C, 이런 식으로 진행됩니다. 왜 이러한 순서가 정해진 것일까요? 그 이유는 앞에서 소개한 밀교의 금강계 만다라에 있습니다. 금강계 만다라에서는 중심에 배치된 비로자나불을 기준으로 동 → 남 → 서 → 북 순으로 비로자나불에 준하는 부처가 배치됩니다. 그리고 만다라에서 '동쪽'은 오른쪽이 아닌 아래를 의미하기 때문에, 중심핵 아래에 A가 위치한 것이지요.

A부터 D까지는 각각 중심과 인접해 있으므로 중심 주제와 밀접하게 관련된 내용을 적는 것이 좋습니다. 그리고 A부터 D까지 모든 칸을 채우고 나면 이번에는 네 구석을 채워 나갑니다. 이때, 해당 칸과 인접해 있는 주변 칸의 내용과 관계성을 고려하면서 어떤 내용을 적을지 생각해봅니다. 물론, A형 차트를 작성할 때 반드시 이 순서를 따라야 할 필요는 없습니다. 하지만 이 순서로 작성하면 만다라의 깊은 지혜와 만다라 차트의 신기한 효과를 더 잘 실감할 수 있을 것입니다.

A형 차트란?

F	C	G
B	주제	D
E	A	H

A형 차트는 3×3 = 9칸의 중심에 '주제'를 적어 넣고,
그 주제 칸과 맞닿은 4개의 칸을 채우고 난 다음에,
바깥쪽에 있는 칸들을 채워 나가면서 작성하면 됩니다.

B형 차트는 A형 차트를 더 발전시키고 싶을 때 사용한다

다음으로, B형 차트를 작성하는 방법에 대해 살펴보도록 합시다.

B형 차트는 기본적으로 A형 차트를 먼저 작성 후, 그것을 더 깊이 있게 다루고 싶을 때 확장하는 방식으로 작성합니다. 즉, 처음부터 B형 차트를 작성하는 것은 추천하지 않습니다. 왜냐하면 B형 차트는 칸이 많아 모두 채우는 데 많은 시간과 노력이 발생하고, 이로 인해 많은 사람들이 중도에 포기하기 때문입니다. B형 차트의 중심핵이 되는 부분에는 A형 차트의 줄기와 가지를 그대로 옮겨 적으시면 됩니다. 즉, B형 차트의 중심핵 = A형 차트가 되는 것이지요.

그리고 그 가지를 B형 차트의 중심핵 주변에 배치된 8개의 영역의 중심에 적습니다. B형 차트의 중심핵 주변에 있는 칸은 A~H 대신 1~8까지 번호를 붙입니다. 번호의 순서는 A~H일 때와 마찬가지로, 중심에서 아래쪽 → 왼쪽 → 위쪽 → 오른쪽 → 왼쪽 아래 → 왼쪽 위 → 오른쪽 위 → 오른쪽 아래 순입니다.

이렇게 보면, B형 차트는 A형 차트의 가지를 더 자세히 분석하기 위해 '확장'된 것임을 알 수 있습니다. 그렇다고 해서 A형 차트와 B형 차트 중 어느 쪽이 더 낫다고 우열을 가릴 수는 없습니다. B형이 더 복잡하다고 해서 A형보다 우위에 있다는 뜻은 아니며, 때와 장소에 따라 간결하게 작성하고 싶을 때는 A형을, 더 상세한 분석이나 고찰을 하고 싶을 때는 B형을 선택해서 작정하면 됩니다.

B형 차트란?

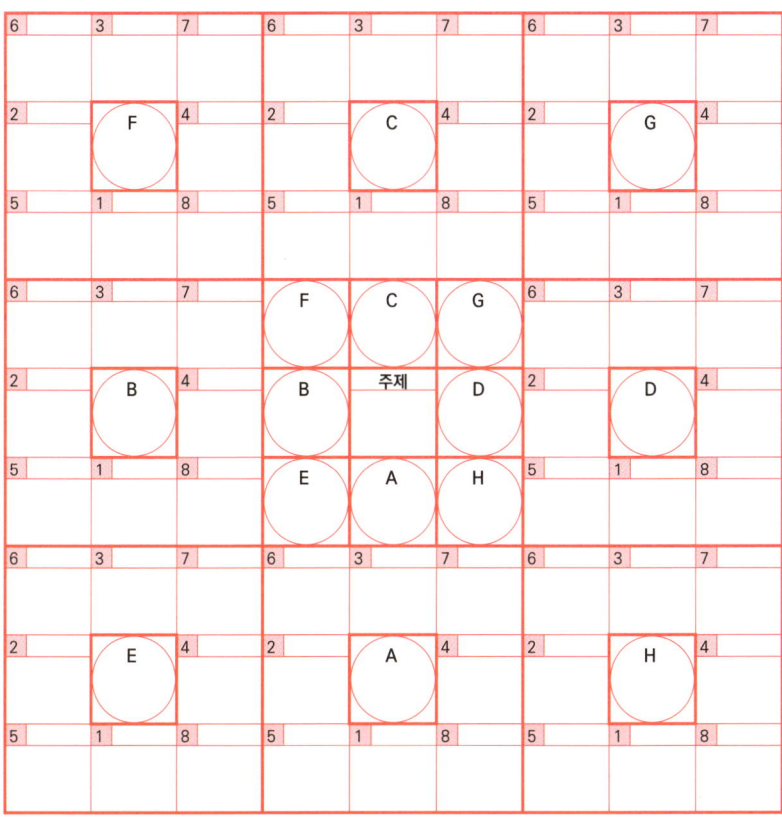

B형 차트는 A형 차트의 각 칸을 다시 3×3의 9칸으로 세분화한 것입니다. 중심 주제에 적어둔 A~H 칸을, 바깥쪽 큰 칸의 중심핵으로 배치해 각각의 분야에 대해 자세한 분석과 고찰을 더해갑니다.

'칸에 맞춰서 생각'하면
자유로운 발상이 떠오른다

　만다라 차트를 아직 경험해보지 못한 사람 중에는, 칸 안에 발상을 적어 나가는 방식에 의문을 품는 분도 계실 것입니다. '발상이라는 것은 자유로워야 하는데, 제한된 칸 속에 가둬두는 방식은 안 좋지 않나?'라고 생각할지도 모르지요.

　하지만 잠시만요! 완전히 자유로운 규칙 아래에서만 자유로운 발상이 나올 수 있다는 생각은 명백한 오해입니다. 회의 시간을 떠올려 봅시다. '뭐든 좋으니 아이디어를 내보세요'라는 소리를 들으면, 오히려 무엇을 말해야 할지 몰라서, 다들 입을 다무는 경험을 해보신 적 있지 않나요?

　우리의 머릿속은 아예 자유로운 것보다는 조금 더 구체적으로 질문이 던져져야 자유롭게 발상이 떠오릅니다. 예를 들어 '1년 후 이 회사가 어떻게 되었으면 하나요?', '이 제품을 해외에서도 팔리게 하려면 어떤 식으로 광고해야 좋을까요?'와 같은 식으로 말이지요.

　이렇듯 어느 정도 틀이 제시되어야 우리의 뇌가 활성화되고 구체적인 아이디어가 더 잘 떠오르게 됩니다. 59페이지처럼 틀이 정해져 있지 않으면 생각에 두서가 없어지고, 나중에 다시 살펴봐도 내용이 산만해 머릿속에 잘 들어오지 않는다는 단점이 있습니다. 하지만 반대로 만다라 차트처럼 틀에 맞춰 생각하면 구체적인 아이디어가 점점 떠오르고, 내용이 정리되어 있어 나중에 다시 살펴볼 때도 쉽게 이해할 수 있습니다.

틀이 갖춰져 있지 않은 사고

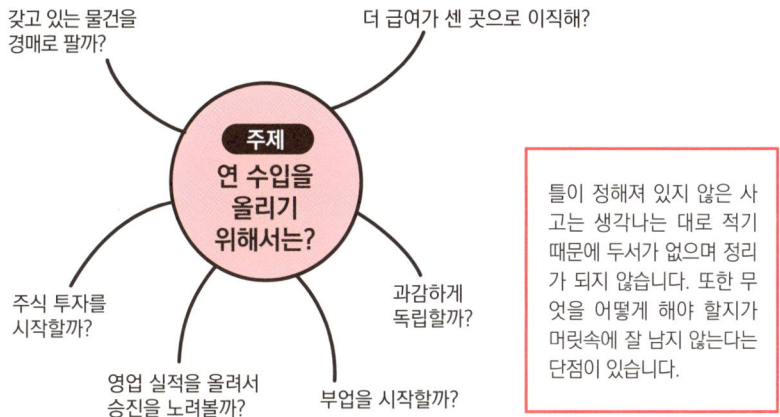

틀이 정해져 있지 않은 사고는 생각나는 대로 적기 때문에 두서가 없으며 정리가 되지 않습니다. 또한 무엇을 어떻게 해야 할지가 머릿속에 잘 남지 않는다는 단점이 있습니다.

틀에 맞춰 생각하는 사고

F 좋아하는 것	C 이직하기	G 지출 바로잡기
●자신이 좋아하는 프라모델을 가지고 돈을 벌 수는 없을까? ●프라모델 관련 유튜브를 시작해본다.	●더 높은 급여를 주는 곳을 찾는다. ●현 직장을 언제 그만둘지 생각한다.	●수입을 늘리는 것이 아니라 지출을 줄인다. ●가계부를 작성한다
B 자산 운용	**주제** **연 수입을 올리기위해서는?**	**D 승진을 목표로 삼기**
●주식 투자를 공부하기 시작한다. ●관련 정보를 많이 알고 있는 선배에게 물어본다.		●승진하기 위해서는 무엇이 필요한지 알아본다. ●자격시험을 준비한다.
E 부업	**A 독립하기**	**H 가지고 있는 것을 팔기**
●여유 시간에 알 수 있는 부업에 대해 알아본다.	●독립자금은 얼마나 필요한지 알아본다. ●독립하는 데 부족한 기술이 무엇인지 알아본다.	●사용하지 않는 물건을 목록으로 작성한다. ●어디에 팔면 좋을지를 알아본다.

이렇듯, 틀에 맞춰 생각함으로써 사고가 더 구체적으로 발전하고, 3×3의 칸을 모두 채우려고 하므로, 이전에는 의식하지 못했던 점을 깨닫게 되거나 새로운 아이디어가 떠오르기도 합니다.

작성할 때는 손 글씨와 컴퓨터 중 어느 것이 더 좋을까?

만다라 차트를 작성하려고 마음먹었으면, 이번에는 '손으로 쓸까?', '컴퓨터로 작성할까?' 고민될 수도 있습니다. 이런 차트를 작성할 때는 손으로 쓰지 않으면 뇌가 자극되지 않고, 가치가 없다고 느끼는 사람일 테지요. 반면에 노트 등에 손 글씨로 작성하는 것이 번거로워서, 컴퓨터로 템플릿을 만들어 입력하는 것이 더 간편하다고 생각하는 사람도 있을 테고요.

결론부터 말하자면, 만다라 차트는 손 글씨로 작성하든, 컴퓨터로 입력하든 어느 쪽도 상관없습니다. 손 글씨의 장점을 선택해도 좋고, 컴퓨터 입력의 장점을 택해도 좋으니, 여러분이 좋아하는 방식을 선택하면 됩니다.

다만, 저의 개인적인 추천은 어느 쪽이냐 하면, 컴퓨터로 입력하는 것입니다. 컴퓨터 조작에 어느 정도 익숙한 사람이라면, 엑셀 같은 스프레드시트 프로그램을 이용해 만다라 차트의 틀을 만들어 놓을 수도 있을 것입니다. 엑셀의 셀을 '칸'으로 생각하면, 작성은 그다지 어렵지 않습니다.

컴퓨터로 만다라 차트를 만드는 최대의 장점은 무엇보다도 간편함입니다. 떠오르는 생각을 계속해서 입력할 수 있고, 데이터이기 때문에 폴더별로 정리하고 저장할 수 있지요. 또한, 더 응용하면 디지털 카메라로 촬영한 사진이나 인터넷 사이트, 동영상 URL 등을 만다라 차트에 붙여 넣는 것도 가능합니다.

만다라 차트는 손 글씨로도, 컴퓨터로도 작성할 수 있다!

	A	B	C	D	E	F	G	H	I	J
1										
2										
3					만다라 차트(목표 설정 시트)					
4										
5		작성일:		년	월	일	메모:			
6										
7										
8			수단F			수단C			수단G	
9										
10					수단F	수단C	수단G			
11			수단B		수단B	목표	수단D		수단D	
12					수단E	수단A	수단H			
13										
14			수단E			수단A			수단H	
15										
16										
17										
18										
19										

> 만다라 차트는 손 글씨가 아니라도 이런 식으로 엑셀 등 스프레드시트 프로그램의 칸을 사용해서 작성해도 됩니다. 손 글씨든, 컴퓨터든 일단 생각이 나면 바로 적는 자세를 갖추는 것이 중요합니다.

제2장. 딱 이것만! 만다라 차트 활용법

만다라 차트 작성 요령 : '구체적으로' 작성한다

만다라 차트를 작성하려고 단단히 마음먹었지만, 무엇을 어떻게 적어야 할지 모르겠기에 시작부터 막막해하는 분들도 계실 것입니다.

기본적으로 만다라 차트의 작성법에 '이렇게 해야 한다'라는 규칙은 없습니다. 하지만 '이렇게 쓰면 만다라 차트의 효과를 120% 끌어낼 수 있다'라고 하는 요령은 존재합니다.

만다라 차트를 작성할 때의 요령은 '구체적으로' 쓰는 것입니다. 어떻게 구체적으로 적어야 할지는 다음의 6가지 방법이 있습니다.

첫 번째로, 가능한 한 추상적인 개념은 사용하지 말고 '구체적으로 작성'해야 합니다! 완전한 문장으로 쓰기 어렵다면, 항목만 쭉 나열해서 적어도 괜찮습니다. 두 번째로, '달성할 수 있는 내용을 작성'해야 합니다. 너무 높은 목표를 적게 되면 쉽게 좌절할 수 있기 때문입니다. 세 번째로, '의욕을 갖고 할 수 있는 내용을 작성'해야 합니다. 다른 사람들에 의해 정해진 목표가 아닌, 자신의 마음에서부터 우러나온 목표를 설정하는 것이 중요합니다. 네 번째로, '수치화해서 작성'해야 합니다. 자신의 목표나 과제를 수치화함으로써 더 구체적인 비전을 그릴 수 있게 됩니다. 다섯 번째로, '기한을 정해놓고 작성'해야 합니다. 목표를 달성하기 위해 기한을 설정하는 것은 큰 위력을 발휘하기 때문입니다. 그리고 마지막으로 '매일매일 습관처럼 할 수 있는 내용을 작성'해야 합니다. 매일 일상적으로 지속할 수 있는 구체적인 행동을 염두에 두고 쓰면, 만다라 차트가 여러분을 움직이게 할 것입니다.

만다라 차트는 '구체적으로' 작성한다

F	C	G
B	주제	D
E	A	H

> 만다라 차트를 작성하는 방법에는 '이렇다 할' 정해진 방식이 있는 것은 아닙니다. 하지만 만다라 차트의 위력을 100% 끌어내고 싶다면 몇 가지 지키면 좋을 규칙이 있습니다. 그것을 항상 머릿속 한편에 염두에 두고 적는다면, 여러분의 만다라 차트는 아주 좋아지게 될 것입니다.

① = 구체적으로 작성한다
구체적인 행동을 적음으로써, 실제 행동으로 이어지고 신속하게 그다음 동작을 취할 수 있게 됩니다.

② = 달성할 수 있는 내용을 작성한다
아무리 노력해도 달성할 수 없는 목표를 설정하지 말고, 스스로 달성할 수 있는 목표를 적어봅시다.

③ = 의욕을 갖고 할 수 있는 내용을 작성한다
자신의 마음속에서 저절로 우러나오는, '하고 싶다'라는 의욕을 느낄 수 있는 것을 적어봅시다.

④ = 수치화해서 작성한다
그저 '이것을 한다'라고 적는 것이 아니라, '이것을 ○○시간 한다' 등과 같이 시간, 횟수, 일수, 금액 등 구체적인 숫자로 표현합니다.

⑤ = 기한을 정해놓고 작성한다
자신이 하려고 마음먹은 것은 기한을 정해봅시다. 기한을 정함으로써 의욕에 변화가 생깁니다.

⑥ = 매일 습관처럼 할 수 있는 내용을 작성한다
가능한 한 매일매일 일상적으로 할 수 있는 것을 적어봅시다. 그러면 매일 여러분의 행동에 변화가 일어날 것입니다.

칸을 채울 때는
'이상적인 상태'와 '방법'을 의식한다

　A형 차트는 총 9칸밖에 없어서 모든 칸을 비교적 쉽게 채울 수 있습니다. 하지만 B형 차트의 경우 총 81칸(중심의 9칸과 주변 가지의 중심 8칸을 제외하면 64칸)이나 있기 때문에 많은 사람이 '이렇게 많은 칸을 전부 채울 수 있을까?' 불안해합니다.

　하지만 전혀 걱정할 필요는 없습니다. 만다라 차트의 칸은 모두 채우지 않아도 문제가 되지 않기 때문입니다. 지금 당장 전부 채울 필요는 없으며, 나중에 떠오르면 그때 채워 넣어도 괜찮습니다.

　그리고 '인생의 균형도(164~167페이지)'에서 자세히 설명하겠지만, 사실 바로 채울 수 없는 칸에도 의미가 있습니다. 바로 채울 수 있는 칸과 그렇지 않은 칸이라는 차이가 있다는 것이, 여러분의 현재 상태를 나타내고 있기 때문입니다. 지금 자기 자신이 어떤 상태에 있으며 어디로 향하고 있는지를 그 차이가 알려주는 것입니다.

　그렇다고는 해도, 가능한 한 많은 칸을 채우는 요령을 알려드리겠습니다. 핵심은 바로 칸에 무언가를 적어 넣을 때 '이상적인 상태'와 '방법'을 의식하는 것입니다. 먼저, '이런 모습이 되고 싶다'라고 하는 여러분의 이상적인 상태를 적어봅시다. 그런 다음, 이를 위해 '어떻게 해야 할지'라는 방법을 적는 것입니다. 계속해서 자기 자신에게 이상적인 상태와 방법에 대해 질문을 던져보면, 칸을 더 쉽게 채울 수 있을 것입니다.

모든 칸을 채울 필요는 없습니다

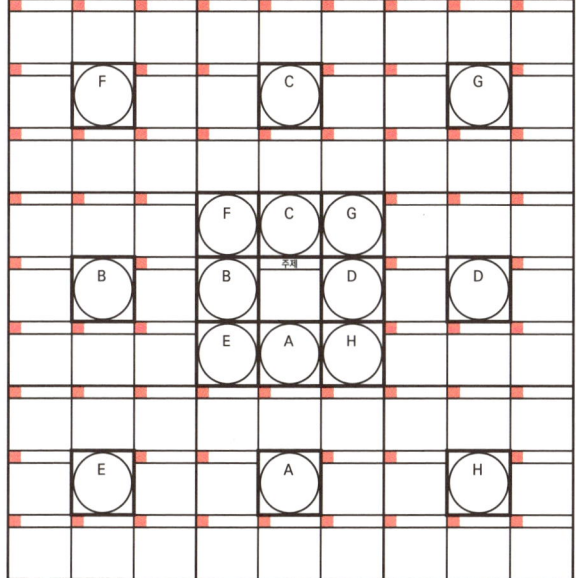

칸은 가능하면 채우는 편이 좋지만 무리해서 전부 다 채울 필요는 없습니다. 일단 생각나는 것을 적어보고, 나중에 생각날 때마다 조금씩 칸을 채워 나가면 됩니다. 칸을 채우는 방법은 아래를 참고해주시길 바랍니다.

먼저, 이상적인 상태를 생각한 후에 방법을 생각해보자!

이상적인 상태

- 야근을 거의 하지 않는 상태가 된다.
- 올해 안에 승진 시험을 치르고 싶다.

방법

- 업무에 있어 우선순위를 정하고 빠른 시간 안에 해결한다.
- 매일 틈새 시간에 공부하는 습관을 들인다.

제2장. 딱 이것만! 만다라 차트 활용법

만다라 차트는 처음부터
완벽을 목표로 할 필요가 없다

　만다라 차트를 작성할 때는 정말로 어깨에 힘을 빼고 편안하게 적어보시길 바랍니다. 그럴수록 다양한 아이디어가 떠오르기 쉬워집니다. 그리고 만다라 차트는 한 번에 완성할 생각으로 작성하지 않아도 괜찮습니다. 한 차례 작성한 차트를 나중에 다시 들여다보면서 내용을 수정하거나 추가해도 좋습니다.

　중요한 것은 어떻게 작성할지가 아니라, 어떤 내용을 작성할지이기 때문에, 한 번에 모든 것을 깔끔하게 정리해야 한다고 스스로에게 부담을 줄 필요는 없습니다. 또한, 완전히 동일한 주제로 만다라 차트를 여러 번 작성해보는 것도 추천합니다. 그렇게 함으로써 자기 생각이나 아이디어가 어떤 과정을 거쳐 '버전 업그레이드'되어 왔는지 한눈에 알 수 있게 되기 때문입니다. 다만, 그 경우에는 각각의 만다라 차트에 날짜를 적어두는 것을 권장합니다. 컴퓨터로 동일한 주제에 대해 여러 개의 차트를 작성할 때는, 저장할 때 덮어쓰기가 아닌 '다른 이름으로 저장'해 파일명을 다르게 지정하는 것이 좋습니다.

　왜 과거에 작성한 만다라 차트를 보관해두면 좋을까요? 그 이유는 변경이나 수정을 거치면서 만들어진 최신 차트보다 가장 처음 만든 차트가 더 좋았다는 것을 나중에 깨닫는 경우가 종종 있기 때문입니다. 또한, 자기 생각이 어떻게 생겨났고, 어떻게 변해왔는지를 살펴봄으로써 새로운 깨달음을 얻는 경우도 있습니다.

만다라 차트는 수정해도 OK!

날짜 : 6월 30일

F		C 식사		G	
B	근력 트레이닝	주제		D	간식
		올해 안에 10kg 살을 뺀다!			
E	에스테틱	A	미용	H	

날짜 : 7월 13일

F		C 식사		G	근력 트레이닝
B	에스테틱	주제		D	패션
		올해 안에 10kg 살을 뺀다!			
E	미용	A	러닝	H	간식

날짜 : 9월 2일

F	에스테틱	C 식사		G	채식주의
B	근력 트레이닝	주제		D	요가
		올해 안에 10kg 살을 뺀다!			
E	미용	A	러닝	H	간식

> 만다라 차트는 한 번 작성하고 끝나는 게 아니라, 여러 번 재수정해도 괜찮습니다. 시간이 지나면서 내용이 충실해지거나 변해도 OK입니다. 중요한 것은 각각의 차트에 '날짜'를 적어두는 것입니다. 이렇게 하면 자기 생각이 어떻게 변해 왔는지 잘 알 수 있게 됩니다.

제2장. 딱 이것만! 만다라 차트 활용법

만다라 차트는 항상 잘 보이는 곳에 두면 위력이 배로 늘어난다

여러분은 '컬러 배스 효과'라는 말을 들어보신 적 있으신가요? 컬러 배스 효과란 심리학 용어로 '인간이 특정한 것에 주의를 기울이고 있으면, 그와 관련된 정보가 자연스럽게 눈에 띄기 쉬워지는 효과'를 말합니다. 색을 의미하는 color와 햇볕을 쬐는 것을 의미하는 bath를 조합 시켜서 만든 말입니다. 심리 효과를 나타내는 말이지만, 현재는 아이디어 발상법 중 하나로 폭넓게 이용되고 있는 개념이기도 합니다.

컬러 배스 효과의 구체적인 예를 들어볼까요? 예를 들면, 거리나 혼잡한 도로를 바라보고 있을 때 '붉은색에 집중해주세요'라는 말을 들으면, 그때까지는 전혀 신경 쓰고 있지 않았던 '붉은색'이 점점 눈에 띄게 되는 경우가 있습니다. 이것이 바로 컬러 배스 효과입니다.

즉, 우리는 보고 싶다고 생각하는 것에 관심을 기울이고 있으며, 보고 싶다고 생각하기 때문에 다양한 정보를 깨닫게 된다는 것입니다.

이 심리 효과는 아이디어를 떠올리는 데 매우 도움이 됩니다. 왜냐하면, 그 아이디어에 항상 주의를 기울이고 있으면, 점차 그것과 관련된 정보를 알아차리기 쉬워지기 때문입니다. 반대로 그 아이디어에 관심을 두지 않고 지내다 보면, 모처럼 그 아이디어를 업그레이드 시킬 수 있는 정보가 우리 눈앞을 지나가도 눈치채지 못할지도 모릅니다.

자, 이처럼 컬러 배스 효과를 감안했을 때, 우리가 만든 만다라 차트는 자주 눈에 띄는 장소에 두는 것이 좋다는 사실을 알 수 있습니다. 만다라 차트를 목표를 달성하거나 과제를 해결하는 데 사용한다면 더더욱 늘 그 차트에 주의를 기울이고 있어야 합니다.

예를 들어, 종이에 출력해 책상 근처에 붙여놓거나, 스마트폰 배경화면이나 컴퓨터 바탕화면으로 만들어보시길 바랍니다. 물론 화면에서는 차트의 상세한 내용까지는 읽기 힘들지도 모르지만, 그 만다라 차트가 무엇을 위해 만들어졌는지 하는 '목적'을 항상 의식할 수 있습니다. 그 결과, 여러분의 의식은 목표 달성이나 과제 해결에 필요한 정보를 점점 알아차리게 되고 그것들을 골라내 여러분이 깨달을 수 있게 해줍니다.

그리고 그러한 깨달음을 만다라 차트에 추가함으로써 여러분의 생각이나 아이디어는 멈추지 않고 버전 업그레이드할 것입니다. 동시에 구체성도 더해지기 때문에 행동으로 이어지기 쉬워집니다.

사내에서 만다라 차트를 실천하고 있는 기업 중에는 여러 사람들과 공유하는 만다라 차트를 누구나 잘 볼 수 있는 장소(벽 등)에 붙인다고 하는 곳도 있습니다. 사무실 벽 이외에도 문이나 화장실 벽 등 여러분이 자주 보는 곳에 붙이면 좋겠네요.

개인적으로 추천하고 싶은 것은 만다라 차트를 종이에 출력해 수첩에 붙여 두거나 혹은 접어서 수첩이나 노트에 끼워서 가지고 다니는 것입니다. 이렇게 하면 잠깐의 휴식 시간 등에 바로 꺼내서 만다라 차트를 볼 수 있습니다.

중요한 것은 여러분이 만든 만다라 차트를 자주 보는 것입니다. 카페에서 여유롭게 시간을 보내고 있을 때, 업무 중 휴식 시간, 돌아오는 지하철 안에서, 잠자기 전 침대 속 등 시시때때로 만다라 차트를 들여다보는 것만으로도 컬러 배스 효과가 발동해 여러분의 의식에 변화가 일어나게 되는 것입니다. 만다라 차트를 만드셨다면 부디 여러 번 들여다보도록 합시다.

만다라 차트를 만들었다면
반드시 되돌아보자

여러분은, 일이나 학업에서 무언가 일단락되었을 때, '되돌아보기'를 실천하고 있나요? 되돌아보는 것은 영어로 'reflection(리플렉션)'이라고 하며, 자기 행동이나 언동을 훗날에 되돌아봄으로써 객관적으로 분석하고, 다음번 행동에 반영해야 할 개선점을 파악하는 방법입니다.

되돌아보기라고 하면 '반성'을 떠올리는 분이 계실지도 모르겠지만, 되돌아보기와 반성 사이에는 뚜렷한 차이가 있습니다.

주로 반성은 우리가 무언가에 실패하거나 실수했을 때, 목표를 달성하지 못했을 때 부정적인 의미에서 그 원인이나 책임을 규명하기 위해 행해집니다.

하지만 되돌아보는 것은 부정적인 결과를 낳은 말이나 행동에 그치지 않고, 잘된 말과 행동에 대해서도 이루어집니다. 요컨대 반성은 실패의 원인과 책임의 유무를 밝혀내기 위해 행해지지만, 되돌아보기는 순전히 '사물이나 자기 자신을 개선하기' 위해 행해지는 것이지요.

되돌아보는 것을 통해 얻을 수 있는 장점은 몇 가지가 있습니다. 일단, 자기 말과 행동을 객관적으로 바라볼 수 있고, 그 결과 개선점이 드러난다는 점입니다. 무언가를 개선하기 위해서는 그것을 객관적으로 인식할 필요가 있습니다. 그렇지 않으면 우리는 아무래도 주관적으로 감정을 섞어 무언가를 포착하게 되고, 어디를 개선해야 더 나아질지 모른 채로 살아가는 경우가 많기 때문입니다.

그리고 되돌아보는 것은 실패했을 때는 물론 성공했을 때도 하므로,

자기 말과 행동 중 '좋았던 점', '잘했던 점'에 대해서도 알 수 있습니다.

이에 따라 자기 긍정감이 쑥쑥 올라가는 것이지요. 반성만 잔뜩 하는 상태에서는 반대로 '안 좋았던 점', '잘하지 못했던 점'에만 중점을 두기 때문에 자기 긍정감은 올라가지 않습니다. 따라서 되돌아보기를 자주 하게 되면 우리는 점차 긍정적으로 변하고, 적극적인 자세가 자연스럽게 몸에 배게 될 것입니다.

만다라 차트를 활용하는 데도 이 되돌아보기는 매우 중요합니다. 만다라 차트는 작성하는 과정보다 오히려 작성하고 난 뒤, 되돌아보는 과정이 더 중요하다고 해도 과언이 아닙니다. 만다라 차트를 사용하는 사람은 많이 있지만, 그중에서도 목표를 제대로 달성하고 있는 사람은 거의 예외 없이 만다라 차트를 되돌아보며 업그레이드하고 있습니다.

자신이 만든 만다라 차트와 제대로 마주하고 거기에 적혀 있는 것 중 어디까지를 실천할 수 있고, 어디에 개선점이 있는지, 애초에 대폭 수정을 가하는 편이 좋을지 어떨지 등을 정기적으로 되돌아봄으로써, 우리의 행동도 점점 변해갈 것입니다.

만다라 차트 되돌아보기는 가능하면 정기적으로 시간을 내서 하는 것을 추천합니다. 예를 들어 매주 토요일 이 시간에 20분만 한다든지, 주말에 30분만 돌아본다든지, 매일 밤잠 들기 전에 그날 하루의 행동을 만다라 차트와 연관 지어 되돌아보는 것도 좋을 테지요.

그 되돌아보는 시간에 되도록 주의를 기울여서 해주셨으면 하는 것이 있습니다. 바로 성공한 것도, 실패한 것도, 달성한 것도, 달성하지 못한 것도 모두 통틀어 되돌아보는 것입니다. 그렇게 함으로써 여러분의 의지는 높은 상태로 유지될 것입니다.

A형 차트
활용 사례 ①

　이것은 60대 주부 사이토 씨가 작성하신 A형 차트입니다. 중심 주제는 '연말 대청소 바꾸기'입니다. 이전까지 사이토 씨는 12월이 되면 온 가족이 총출동해서 하는 대청소를 즐기고 있었습니다. 하지만 참가자들이 점점 줄어들면서 아무래도 군데군데 생략해버리거나, 건초염이 생길 것 같은 상황이 발생하자 자신의 손목에 대한 부담도 생각해, 연말 대청소 방법을 전면적으로 재검토하자고 생각했다고 합니다. 그래서 이 만다라 차트를 작성한 것이지요.

　사이토 씨는 먼저 연말 대청소 과정을 1~12까지 필요도에 따라 계절별, 월별, 일주일마다, 매일 하는 것 등으로 그룹을 나눴습니다. 그리고, 연말에 특히 신경 써서 하고 싶은 것은 조금 가벼운 선에서 해두는 것으로 그쳤다고 합니다.

　사이토 씨의 연말 대청소 재검토 작전의 포인트는, 이 책에서도 나중에 설명할 '연간 선행 계획'입니다(158페이지 참고). 이것은 1년 동안 해야 할 일을 미리 스케줄상에 집어넣고, 그것을 확실하게 실행하기 위해서 월간 스케줄에 끼워 넣는 관리법입니다. 즉, 연말 대청소를 1년에 걸쳐 분할 실시함으로써 연말에 막대한 양의 청소를 하지 않아도 되게 만든다는 것이 사이토 씨의 계획이었던 것입니다.

　그 결과 중심핵의 주제 란에는 연말 청소가 줄어들었다는 훌륭한 결과를 기록하게 되었습니다.

㉛-겸사겸사 청소

F	가을(10월)	C	월 1회(30분)	G	봄(4월 말)
	● 레이스 커튼 세탁 ● 천장과 벽 먼지 털기 ● 옷장, 서랍 정리 정돈(2일간)		● 왁스질 ● 냉장고 고무 패킹		● 환기팬 　(불리는 과정 미포함 40분) ● 레이스 커튼 세탁 ● 옷장 정리 정돈(2일간)

B	주 1회(15분)		연말 대청소를 바꾸자.	D	포인트
	● 아래 선반을 하나씩 청소 시간 시키기 　- 7월 〈조미료 선반〉 　- 8월 〈신발장〉 　- 9월 〈그릇장〉 　- 10월 〈나무 상자〉 　- 11월 〈수납장〉 　- 12월 〈냉장고〉 ● 바닥 닦기 ㉛ ● 문 닦기 ㉛ ● 스위치 & 콘센트 닦기 ㉛		축소된 연말 청소 1. 천장, 벽 먼지 털기 2. 현관과 화장실, 부엌을 꼼꼼히 청소 3. 조명기구 닦기 4. 환기팬 청소 5. 자녀들과 남편이 하고 싶은 곳		● 하루 중 정리정돈 시간은 청소 시간과 동일한 만큼만 하기 ● 예정된 시간이 되면 종료(잘 지키지 못한) =〉레벨업으로 이어짐 ● 정리하기 전에 먼저 예상 이미지 떠올리기 ● 바로 청소할 수 있도록 청소용 바구니 준비 　(세제, 천, 브러시 등 넣기)

E	매일(외출하는 날)	A	매일(집에 있는 날)	H	항상 기분 좋게
	1. 먼지가 쌓이지 않도록 먼지털이로 털기 ↖중요 2. 아침 10분 청소 ㉛ 　세면대, 화장실, 현관 모두 10분 안에 완료 3. 잠자기 전 10분 정리		1. 청소기와 먼지털이를 번갈아 사용(청소를 못 할 때는 일단 먼지털이로 털기) 2. 아침 10분 청소 　(세면대, 화장실, 현관) 3. 10분간 꼼꼼히 청소 　월 : 거실　　목 : 현관 　화 : 주방　　기타 　수 : 화장실, 욕실, 싱크대 4. 10분간 정리 정돈 5. 비 온 뒤에는 유리창 닦기와 베란다 청소		● 너무 무리하지 않기 청소하지 않는 날도 만들기 ● 겸사겸사 청소로 가사 유지하기 　- 화장실에 갔을 때 간단히 화장실 청소 　- 찜 요리하면서 가스레인지 주변이나 벽을 뜨거운 물로 닦기 　- 지나가다 보이는 쓰레기 줍기 등

A형 차트
활용 사례 ②

　모 외식업체에서 인사 담당자로 일하는 30대 노나카 씨가 작성한 A형 차트입니다. 노나카 씨는 이 차트를 작성하기 전, 영업부에서 약 2년 동안 여러 매장을 총괄하는 유닛 매니저로 근무하며, '정말 열심히 일하는 사람들은 정작 제대로 인정받지 못하고 있다'라는 것을 실감했다고 합니다.

　이러한 문제의식을 바탕으로 인사부로 인사이동을 희망해 받아들여졌고, 인사 담당자로서 자신이 무엇을 해야 할지 명확히 하기 위해 이 A형 차트를 작성하게 되었다고 합니다. 노나카 씨가 설정한 주제는 '우리 회사를 ES(직원 만족도) No.1 기업으로 만들고, 나아가 악덕 기업 이미지가 생기기 쉬운 외식 산업의 지위 향상을 목표로 한다!'라는 것이었습니다.

　이 차트를 작성하는 과정에서 노나카 씨가 특히나 신경을 쓴 점은 혼자서 만들지 않는 것이었습니다. 다른 구성원들에게도 차트 작성에 참여하도록 부탁함으로써, 자신이 미처 깨닫지 못한 다양한 각도에서 아이디어를 얻을 수 있었다고 합니다. 그 결과 차트를 완성한 것만으로도 인사 담당자 전원이 성취감을 느낄 수 있었다고 합니다. 또한, 이 만다라 차트의 특징으로는, 원래도 이해하기 쉬운 만다라 차트에 일러스트를 도입해 더욱 알기 쉽게 만든 점입니다. 관련이 없는 사람이 보더라도 한눈에 이해할 수 있게 되어 있습니다.

F 교육 체계 구축	C 채용 활동	G 총인건비 계획
미래를 승리로 이끄는 데 필요한 교육 기회를 제공하는 교육 체계 구축 ● 요건 정의 확립 ● 커리큘럼 구성 ● 사내 강사 육성	회사와 동반 성장하는 매력을 전달하는 채용 활동 ● 프로모션 활동 ● 선발 과정 ● 내정 후 ● 졸업 후 3년 이내의 사람, 정직원 입사 후 퇴사 경험 있거나 현재 이직 희망자를 대상으로 한 대응	직원이 정신적, 물질적으로 행복해질 수 있는 기반 구축 ● 급여 체계 재검토 ● 아르바이트를 적극적으로 전력화 ● 인생 설계에 따른 유연한 고용 형태
B 인사 제도 개혁	ES NO. 1 기업 실현 계획	D 인사 파일 작성
회사가 바라는 인재상을 반영한 인사 제도 개혁 ● '거짓말을 하지 않는다', '약속을 지킨다', '다른 사람을 험담하지 않는다'와 관련된 명확한 평가 제도 도입	외식 산업의 지위 향상을 목표로 세상이 갖는 외식 산업에 대한 이미지는 블랙(악덕 기업)입니다…. 하지만 저는 외식 산업이 음식을 통해 사람들을 행복하게 할 수 있는, 사회에 필요한 일이라고 믿고 있습니다. 이에 따라, 이번 인사부로의 부서 이동을 계기로 외식 산업의 우수함을 증명하기 위한 'ES No.1 기업 실현 계획'을 작성했습니다.	한 사람, 한 사람의 개성을 최대한으로 살리기 위한 인사 파일 작성 ● 강점 진단 ● 인사 파일링 ● 인사 배치 결정권 획득
E 커리어 지원 제도	A 브랜딩 전략	H 일하기 쉬운 환경 정비
회사와 함께 자신의 미래를 그려나가기 위한 커리어 지원 제도 구축 ● 커리어 로드맵 작성 ● 커리어 지원 상담 창구 개설	회사의 방향성을 직원과 공유하는 자리 마련 ● 성장 전략 =〉 브랜딩 전략 ● 브랜드 콘셉트 공유 ● 경영 계획 발표회 기획	즐겁고 안심하며 일할 수 있는 각종 환경 정비 ● 야근 제로 & 유급 휴가 취득률 향상 ● 충실한 복리후생 ● 여성이 일하기 좋은 환경 ● 다양성(Diversity)

A형 차트
활용 사례 ③

이 A형 차트를 작성한 사람은 피트니스 강사로 일하고 있는 50대 여성 히라타 씨입니다. 히라타 씨는 평소에 사람들의 몸이 편하게 움직일 수 있도록 다양한 사람에게 맞는 운동 방법을 제안하며 돕고 있다고 합니다. 이 차트를 작성하게 된 계기는 인생의 중반에 접어들었음에도 매일 마감이 있는 일에 쫓기면서, '이것도 하고 싶다', '저것도 하고 싶다'라고 생각하면서도 뒤로 미루게 되는 '긴급하지는 않지만 중요한 일', 즉 '앞으로의 인생에 필요한 것'을 한번 만다라 차트로 정리해보자고 생각했다고 합니다.

주제는 '앞으로 나의 인생에 필요한 것'으로, 그 주변에는 '일', '돈', '청소', '식사', '가족', '건강', '즐거움', '친구' 등의 항목이 배치되어, 인생의 다양한 분야에서 자신에게 진정으로 필요한 것, 실현하고 싶은 것이 적혀 있습니다.

히라타 씨는 처음에는 머릿속을 정리하고자, 늘 자신이 신경 쓰는 것들을 대략 항목별로 적어 내려갔다고 합니다. 하지만 적다 보니 우선순위가 정해지고, 무엇을 실천해야 할지 알게 되었으며, 그리고 '앞으로는…'이라는 항목에, 앞으로 할 구체적인 행동을 쓸 수 있게 되었다고 합니다. 이처럼 만다라 차트는 적어 보는 것만으로도 머릿속을 정리하고 비전을 명확히 하는 효과가 있습니다.

F 건강	C 청소	G 즐거움
○ 자신을 위해 운동을 계속한다. ★ 요통 예방 운동 ★ 유산소 운동 ★ 요가 ○ 수면을 취한다. ● 앞으로는… ★ 정기적으로 건강검진을 받는다 (위, 유방암, 대장). ★ 치아를 깨끗이 한다. ★ 시간을 잘 활용해 수면을 취하도록 한다.	○ 신경 쓰이는 곳 집 – 빨래 말리는 곳, 현관 벽, 현관문 1층 : 부엌, 그릇장, 옷장, 의류 2층 : 책, 서류, 이불, 옷장, 의류 ● 앞으로는… ★ 자신의 것 중, 필요 없는 것을 처분 ★ 빨래 말리는 곳은 공사가 필요하므로, 일단 놓여 있는 물건을 처분한다. ★ 현관은 날씨가 좋을 때 니스 칠과 페인트칠을 한다.	○ 즐기고 싶은 것 ★ 여행(하와이, 미야코지마, 이즈) ★ 바다 구경 ★ 비행기 구경 ★ 맥주 ★ 단 것 ★ 온천 ★ 해외 드라마, 영화 보기 ● 앞으로는… 예를 들어 기회가 되면 보러 간다고 하기보다, 적극적으로 가고, 보고, 마시고, 먹으려고 한다(웃음) 스트레스 해소!
B 돈	주제	D 식사
○ 정리한다. ★ 은행(현재 사용하지 않는 은행도 있음) ★ 신용카드 ★ 경제 공부 ★ 전기, 가스비와 통신비 점검하기 ● 앞으로는… ★ 은행, 신용카드 번호 등을 다 써 놓는다(만일의 경우를 위해). ★ 생활비 중 쓸데없는 지출을 줄인다. ★ 자산을 운용한다.	앞으로 나의 인생에서 필요한 것	○ 건강을 의식해서 먹는다. ★ 발효식품 ★ 채소 ★ 고기 ★ 생선 을 자주 먹는다. ● 앞으로는… 시간이 없을 때는 도시락이나 간편식을 먹는 경우가 많으므로, 되도록 집밥이나 영양보조식품을 섭취한다.
E 가족	A 일	H 친구
★ 엄마 ★ 언니 ★ 친척 ● 앞으로는… ★ 엄마가 시설에 계시기 때문에 면접 예약을 잡는다. 간식을 보낸다. ★ 언니에게 엄마의 상태를 보고한다. 만일을 대비해 노트에 작성해둔다. ★ 삼촌에게 정기적으로 월 1회 연락을 한다.	○ 수입원 스포츠 클럽, 동아리, 기타 (법인 등) ○ 하는 일 피트니스 관련 (개인 레슨, 그룹 레슨, 강사 관련) ● 앞으로는… 피트니스 이외의 일도 생각해 본다(미정).	★ 학창 시절 친구 ★ 동료 ★ 그 밖의 친구 늘 자주 연락을 주고받는 친구와 그렇지 못한 친구가 있다. ● 앞으로는… 연락이 멀어진 친구에게 연락한다(여름 안부 인사 등).

A형 차트
활용 사례 ④

이 A형 차트를 작성한 사람은 남성 회사원인 히라 씨(40대)입니다. 평소에 청과물 중개 회사에서 총무부장으로 일하는 히라 씨는 사람들이 강하고 따뜻하게 살아가도록 돕는 '풍수 컨설턴트'로도 활동하고 있으며, 사람의 '운'에 강한 관심을 두고 연구하시는 분입니다.

히라 씨가 작성한 차트의 주제는 '해피풀 피스'로, '몸과 마음을 행운으로 가득 채우기 위한 퍼즐 조각을 찾아내는 9개의 차트'라고 합니다.

중심 주제 주변에는 '사주명리로 운명 감정하기', '택괘(宅卦 : 집의 에너지 조정)', '전체 운 상승 차트 작성', '성명 판단으로 운 조정하기', '약선 요리로 건강해지기', '수비학(數祕學 : 수를 사용해서 사물의 본성, 특히 인물의 성격·운명이나 미래의 일을 해명·예견하는 서양의 점술)을 통해 도출하기', '길일에 행동하기', '내장 자극 요가로 건강 유지하기' 등 8개의 영역이 설정되어 있습니다.

히라 씨는 풍수학을 '환경 정비 학문'으로 여기며, 8가지 감정(鑑定)법을 통해 사람의 운을 개선하고, 몸과 마음이 모두 행운으로 가득하게 만들기 위해 무엇을 해야 할지 고민한 결과, 이와 같은 차트를 만들게 되었다고 합니다.

만다라 차트는 불교의 지혜를 알기 쉽게 시각화한 '만다라'를 바탕으로 한 것이지요. 히라 씨는 그 만다라 차트를 활용해 복잡하고 다양한 '풍수 사상'을 알기 쉽게 전하고, 우리에게 행운을 불러올 수 있는 요소가 어디에 있는지를 찾기 위한 단서를 만들고자 했습니다.

F 수비학(숫자점)을 통해 도출하기	C 전체 운 상승 차트 작성	G 길일에 행동하기
● 생일로부터 탄생수를 도출해낸다. ● 기본 숫자로 성격의 유형을 파악한다. ● 주방, 화장실, 욕실을 어떻게 다루어야 하는지를 이해한다. ● 연운(年運)과 월운(月運)을 확인한다. ● 업무와의 상성, 이성과의 궁합 등을 확인한다.	● 내가 2018년에 고안한 전체 운을 상승시키는 차트를 사용한다. ● A형의 경우에는 대략적인 계획을 제공 ● B형의 경우에는 각종 풍수 이론·수비학으로 감정한 결과를 반영해 더 실현 가능한 시기와 내용을 구성한다.	● 역학에서 말하는 길일과 택일법에 따라 중요한 일은 길일에 실행한다. ● 흉일(불길한 날)에는 행운의 색이나 풍수 아이템으로 보완한다. ● 매일 밤 일기를 작성해 택일법의 정확도를 평가한다.

B 택괘 (宅卦 : 집의 에너지 조정)	해피풀 피스	D 성명판단으로 운세 조절하기
● 집과 방의 에너지를 파악한 뒤, 더 균형이 맞도록 조정한다. ● 침실과 작업 공간으로 사용할 방을 파악한다. ● 주방, 화장실, 욕실을 어떻게 다루어야 하는지를 이해한다. ● 방의 방향 에너지를 활용해 필요한 에너지를 높인다. ● 음의 에너지를 약화시킨다.	**몸과 마음을 행운으로 가득 채우기 위한 퍼즐 조각을 찾아내는 9개의 차트**	● 이름을 통해, 획수, 음양, 오행, 천지인, 음화, 팔괘를 감정한다. ● 기본 개념을 이해한다. ● 가정운, 사회운, 건강운, 직업운을 감정한다.

E 약선 요리로 건강해지기	A 사주명리로 운명 감정하기	H 내장 자극 요가로 건강 유지하기
● 계절마다 섭취해야 할 식재료를 파악한다. ● 출생 일간지에 맞는 일일 식단을 알아둔다. ● 사주 명리의 오행을 통해 균형을 맞춘 식사로 바꾼다.	● 사주명리 감정을 통해 건강에 있어서 균형을 파악한다. ● 타고난 특성을 이해한다. ● 과거의 흐름을 이해한다. ● 미래에 발생할 수 있는 일을 예측하고 대비책을 마련한다.	● 자발적 활동을 하지 않는 내장과 림프절을 손과 자세를 통해 자극하는 4DS(4차원 시스템) 요가로, 120세까지 스스로 걸을 수 있는 건강한 신체를 유지한다. ● 사주명리로 알게 된 약한 내장을 자극해 활성화한다. ● 기본, 고양이 자세, 어깨 내회전 등 호흡을 한다.

A형 차트
활용 사례 ⑤

　이 A형 차트를 작성한 사람은 효고현에 거주하는 50대 여성 하기노 씨입니다. 만다라 차트 인정 강사 자격증을 갖고 계시며, 이후 소개할 만다라 다이어리(172페이지 참고)를 6년 동안 사용한 결과, 만다라 다이어리 사용법을 전하는 '다이어리 전도사'로도 활동하게 되었다고 합니다.
　이 차트의 주제는 '2013년 다이어리 사용법 : 나만의 규칙'입니다. 하기노 씨는 다이어리는 누구나 가질 수 있는 것이기 때문에 다이어리를 사용할 때는 각자 자신만의 '규칙'이 필요하다고 생각했습니다. 그리고 규칙을 정해야 다이어리를 구석구석 남김없이 사용할 수 있게 된다고 말합니다. 하기노 씨는 다이어리를 구석구석 '100% 사용'했을 때, 비로소 '충실하게 살았다', '완벽하게 해냈다'라는 느낌을 받을 수 있다는 생각을 바탕에 두고 계신 것 같습니다.
　중심 주제 주변에는 만다라 다이어리를 구성하는 '인생 계획', '비즈니스 계획', '연간 선행 계획', '월간 기획 계획', '주간(습관) 행동 계획', '일일 실천 계획', '인생 백 년 계획', '체크하기'라는 항목들이 배치되어 있으며, 각각의 항목에 왜 필요한지, 어떻게 사용할지를 적음으로써, 자신만의 다이어리 사용법을 한눈에 바라보며 이해할 수 있도록 했습니다. 다이어리를 제대로 사용하기 위한 나만의 규칙을 만다라 차트로 명확하게 만든 좋은 사례입니다.

F 일일 실천 계획	C 연간 선행 계획	G 인생 백 년 계획
① 이상적인 하루의 시간 사용법과 실제 시간 사용법의 차이를 파악한다. ② 8개의 항목에 행동 제목을 붙이고, 아래의 □에 세분화된 행동을 작성해 행동의 진입장벽을 낮춘다. ③ 자신의 역량을 파악할 수 있다.	① 미리 알고 있는 연간 일정을 잡아두어, 자기 주도 예정 일정을 짤 수 있다. → 반드시 하고 싶은 일을 우선시한다. ② 다이어리의 전체 목차로 활용한다. ③ 다음 해 예정 일정 자료로 사용한다.	① 자신의 인생을 바라보고, 과거의 사건을 재검토함으로써 과거에 얽매인 자신을 해방한다. ② 인생에 대한 깊은 이해가 생긴다. ③ 바람직한 미래가 뚜렷하게 떠오른다.
B 비즈니스 계획	2013년 다이어리 사용법 : 나만의 규칙	D 월간 기획 계획
① 비즈니스뿐만 아니라, 자신이 운영하는 회사의 사장으로서, 가족 경영 회사의 사장으로서 어떻게 해야 할지, 어떻게 되고 싶은지 방향을 설정한다. ② 비즈니스에서 어떤 꿈을 이루고 싶은지도 명확하게 할 수 있다. ③ 인생 전체를 비즈니스로 보고 어떤 인생 비즈니스를 펼치고 싶은지 생각한다.	① 다이어리에는 규칙이 필요하다. ② 자신의 규칙을 명확히 함으로써 일관되게 사용할 수 있다. ③ 규칙에 따라 사용함으로써 미래를 준비하는 다이어리로 변신시킨다.	① 월 단위, 시간 단위로 일정을 짜서 하루의 흐름을 파악할 수 있게 된다. ② 약속은 무조건 월간 기획 페이지를 보고 잡기로 정함으로써, 이중 약속을 방지할 수 있다. ③ 월 단위로 시간의 흐름(빽빽한 주인지, 여유로운 주인지)을 파악할 수 있게 된다.
E 주간(습관) 행동 계획	A 인생 계획	H 체크하기
① 중심핵에 이번 주의 목표와 할 일(To Do), 과제, 인생 계획에서 실행하고 싶은 행동을 적음으로써 일주일간의 전체 분량과 시간 배분을 생각한다. ② 이 부분을 실천함으로써 인생 계획의 실행을 촉진한다. ③ 일주일의 흐름을 추적해 행동에 연속성을 만든다.	① 만다라 다이어리의 핵심! 중심이 되는 부분 ② 인생의 8가지 분야(건강, 일, 경제, 가정, 사회, 인격, 학습, 여가)의 균형을 맞춰 자기 성장을 촉진한다. ③ 8개 분야를 작성함으로써, 마음의 생각과 실제 머릿속의 균형을 맞춘다.	① 아침에 본다(전날 및 당일 일정 체크와 확인). ② 일주일 단위로 본다(반성 및 노력한 점). ③ 한 달 단위로 본다(분야별 편차를 확인). ④ 3개월마다 본다(해낸 것과 해내지 못한 것을 파악). ⑤ 연말에 본다(연초 목표가 달성되었는지? 만족도는 몇 %인지?).

A형 차트
활용 사례 ⑥

이 A형 차트를 작성한 사람은 회사를 경영하고 있는 50대 남성, 히로세 씨입니다. 주제는 '우리 회사의 이상적인 기업상'입니다. 히로세 씨의 회사는 인사 평가 제도와 다양한 교육을 통해 인재 육성이라는 관점에서 '작지만 일류 회사 만들기'를 지원하는 회사입니다. 이를 위해 기업 연수를 자주 진행하고 있는 히로세 씨는 경영자로부터 주로 받는 요청에 관한 내용이 '자사에 어떠한 개선이 필요한지'에 집중되어 있음을 주목하게 되었습니다.

히로세 씨는 현재 개선이 필요한 점을 개선하는 것만으로는 결국 현재의 안 좋은 상태를 표준 수준으로 끌어올리는 데 그칠 뿐이라는 점을 깨닫고, 다른 접근 방식을 권장하게 되었습니다. 바로 '이상적인 회사상'을 구상한 뒤, 그 방향으로 접근해 나가는 방식입니다. 이는 마치 만다라 차트의 바탕에 흐르는 만다라 사고의 원칙과도 일치하는 방식입니다(138페이지 참고). 이 A형 차트는 이상적인 기업상을 명확하게 그려내기 위한 템플릿으로 활용할 수 있도록 만들어졌습니다.

중심 주제 주변에는 '우리 회사의 직원들은 어떠한 모습으로 성장해 나갈 것인가?', '직원들에게 근무 시간은 어떤 시간인가?', '직원들에게 회사는 어떤 장소인가?', '직원들에게 있어서 동료는 어떤 존재인가?' 등 회사가 본래 어떻게 존재해야 하며, 어떠한 모습이 이상적인 상태인지에 대해, 경영자가 명확하고 구체적으로 구상할 수 있도록 도와주는 질문들이 마련되어 있습니다. 또한, 구체적으로 구상함으로써 실제 행동으로 연결되기 쉬워집니다.

F 고객들은 우리 회사를 어떻게 생각하고 있을까?	C 직원들에게 회사는 어떤 장소일까?	G 거래처는 우리 회사를 어떻게 생각하고 있을까?
● '그렇게까지 해줄 줄이야' 라며 감동을 주는 회사 ● 똑같이 이용한다면 그 회사 ● 내 자녀가 일했으면 하는 회사	● 소중한 사람과 만날 수 있는 장소 ● 다양한 깨달음을 얻을 수 있는 장소 ● 능력을 갈고닦을 수 있는 장소	● 그 회사를 위해서라면 해주고 싶은 마음이 든다. ● 그 회사와 함께 일할 수 있어서 기쁘다. ● 배울 게 많은 곳이다(정말 대단함!).
B 직원들에게 근무 시간이란 어떤 시간일까?	직원들에게 회사는 어떤 존재가 되었으면 하는가?	D 직원들에게 있어 동료란 어떤 존재일까?
● 내가 빛날 수 있는 시간 ● 어제의 나를 뛰어넘는 시간 ● 내 존재를 인정받을 수 있는 시간	**직원들에게 회사는 어떤 존재가 되었으면 하는가?** 없어서는 안 될 소중한 존재, 자기 능력을 갈고닦아주는 편안한 안식처	● 업무에 있어서는 엄격하고 사람에게는 다정한 존재 ● 부족한 부분을 서로 보완해주는 존재 ● 서로의 성장을 돕고 격려해주는 존재
E 직원들의 가족은 우리 회사를 어떻게 생각하고 있을까?	A 우리 회사의 직원들은 어떠한 모습으로 성장해 나갈까?	H 외부 사람들은 우리 회사를 어떻게 생각하고 있을까?
● 그곳에 속해 있다는 것만으로도 안심할 수 있는 회사 ● 사람으로서 존경할 수 있는 사람을 만들어내는 회사 ● 따뜻함을 느낄 수 있는 회사	● 사람으로서 성장해 나간다. ● 배려심이 길러진다. ● 도전 정신이 왕성하다.	● 작지만 일류 회사 ● 오키나와의 보물 ● 현재에 만족하지 않고 더 성장했으면 하는 회사

A형 차트
활용 사례 ⑦

　이 A형 차트를 작성하신 분은 건설업 관련 컨설턴트인 40대의 데구치 씨입니다. 건설업 전문가인 데구치 씨는 고객 유치, 수익성, 인재 관리 면에서 최적의 상태를 끌어내, 고객들이 안심할 수 있는 비전을 실현하는 파트너로 활동하고 있습니다. 이 차트는 건설회사 경영자들을 대상으로 한 것으로, 눈앞의 일에 쫓기는 경영자들과 함께 임시방편적인 경영에서 벗어나 미래를 향한 성장 방법을 모색하기 위해 만들어졌습니다.

　주제는 '임시방편 경영에서 탈출'입니다. 그 주변에는 '정보 발신', '출판', '교재 판매', '강연·연수', '고민에 관한 리서치', '전화 자문 서비스', '양성 학원', '정기방문 컨설팅'이라는 항목들이 배치되어 있으며, 임시방편적인 경영에서 벗어나기 위한 접근 방식이 깔끔하게 정리되어 있습니다.

　데구치 씨는 큰 목표를 달성하려고 마음먹지만 좀처럼 의욕이 생기지 않아 행동으로 옮기기 어렵다는 단점을 만다라 차트가 해결해준다고 말합니다. 만다라 차트를 작성하다 보면 큰 목표를 달성하는 데 필요한 요소들이 자연스럽게 세분화되기 때문에, '일단 이것부터 시작해보자'라며 작은 첫걸음을 내딛기 쉬워진다고 합니다.

　이 만다라 차트를 활용해 비즈니스에 임한 결과, 작성 전에는 언어로 표현하지 못했던 것들을 구체적인 언어로 표현할 수 있게 되고, 명확한 이미지로 나타낼 수 있게 되면서, 이전보다 실현할 수 있는 것들이 더 많아졌다고 합니다.

F 전화 자문 서비스	C 교재 판매	G 양성 학원
마라톤의 페이스메이커 역할을 경영에 접목해, 이메일과 전화로 자문 서비스를 지원한다. 경영자들이 비전을 실현할 수 있는 환경을 만들기 위해 일깨워주기, 우선순위 설정, 행동 촉진을 지속적으로 지원한다. 매달 한 번, 정해진 시간 동안 전화나 스카이프를 통해 상담을 진행하는 단판 승부이기 때문에, 소규모 사업자들도 저렴한 비용으로 쉽게 도입할 수 있다.	건설업계 종사자들을 대상으로 한 세미나나 대담 등을 녹화, 녹음해 학습함과 동시에 현장 분위기를 가까이서 느낄 수 있도록 돕는다. 바쁘거나 거리가 멀어 직접 참석하기 어려운 사람들에게도 배움의 기회를 제공한다.	건축업체나 리모델링 회사를 대상으로, 거래처나 프랜차이즈에 얽매이지 않고, 유사한 가치관을 가진 동종 업계 사람들과 함께 6개월간 배울 기회를 제공한다. 강사는 스타일이 다른 두 명이 맡아 앞으로 나아가야 할 이상적인 모습과 실제 업무에 임하는 방식, 2가지 측면에서 학습과 실천을 반복하며 경험을 쌓도록 돕는다. 또한, 경영자들은 서로 같은 것을 배우는 동료로서 함께 성장할 수 있기에 기쁨과 성과 또한 배로 늘어날 것이다.

B 출판	☆ 임시방편 경영에서 탈출!	D 강연·연수
블로그나 페이스북처럼 다양한 업종에서 뼈 빠지도록 일하는데도 수익이 나지 않는 경영자를 대상으로, 경영 방식의 언어화, 수익의 시각화, 이를 기반으로 한 근거 있는 사업 계획 수립법을 알기 쉽게 사례와 함께 소개한다. 이를 통해 중소기업이나 영세기업이 수익을 낼 수 있는 사고방식과 시스템을 익힐 기회를 제공한다. 수익을 내는 기업이 늘어나게 되면, 설비에 대한 투자도 증가하기 때문에, 결과적으로는 건설업도 혜택을 보게 될 것이다.	눈앞의 업무에 쫓기면서도 제삼자와 생각을 나누는 시간을 마련함으로써, 미래를 향한 작은 발걸음을 내디디며 성장할 기회를 제공한다. 이를 통해 건설업에 대한 가치를 높이고, 미래에 대한 가망성이 있는 유망업계로 만들고자 한다. 이를 위해 데구치는 고객 유치, 수익, 인재 관리 측면에서 최적의 상태를 끌어내며, 경영자가 마음의 여유를 가질 수 있게 하고, 본업에 충실하게 되어 비전을 실현할 수 있도록 돕는다. A~H에는 내가 제공할 수 있는 콘텐츠를 분류해놓는다.	강연할 때는, 업계나 단체의 수준을 높이기 위해 동향 등의 정보를 제공할 뿐만 아니라, 새로운 깨달음과 작은 변화를 느낄 수 있게 한다. 연수를 할 때는, 비전부터 행동에 이르기까지 거꾸로 거슬러 생각해볼 수 있는 기회를 마련함으로써, 스스로 생각하고, 공감할 수 있는 계획을 세우도록 돕는다. 강연이나 연수 모두, 안심하고 안전하며 긍정적인 분위기를 조성함으로써 잠재 능력을 발휘하기 쉬운 환경을 만들어낸다.

E 고민에 관한 리서치	A 정보 발신	H 정기방문 컨설팅
경영자가 머릿속에 들어 있는 우선순위가 높은 고민을 나, 데구치가 대신 끌어내고 구체적인 언어로 표현해드림으로써 막연한 불안감을 해소한다. 또한 현재 상태와 이상적인 상태 사이의 격차를 줄이는 데 필요한 조건들을 환경, 행동, 능력으로 세분화해 단계별로 정리한다. 이 중에서도 지금 당장 시작할 수 있는 작은 첫걸음에 해당하는 것이 무엇인지를 찾아낸다.	매일 블로그와 페이스북을 업데이트해, 업종에 상관없이, 많은 사람들이 놓치고 있는 점을 발견할 기회를 제공한다. 주 1회 웹진을 발송할 때는, 건설업자 및 건설업계를 지원하는 전문가들에게도 도움이 될 만한 유용한 정보를 제공한다. 그중에서도 구체적인 업무 방식을 따라 하기 전에, 이상적인 목표를 확실하게 갖는 것이 더 중요하다는 점을 강조한다.	입사한 직원과 비슷한 보수를 받고 월 1회 출근하는 No. 2 사외 이사 격 간부를 채용함으로써, 사장이 본래 하고자 하는 일에 집중할 수 있게 되고, 그 결과 성과가 오를 수 있게 돕는다. 간부는 외부에 있기 때문에 제삼자의 관점에서 회사의 상태를 알려줄 수 있다. 또한 사장뿐만 아니라 간부와 직원들이 만날 수 있는 장을 마련함으로써, 입장 차이에서 오는 거리감과 고정관념을 해소하는 다리 역할을 하게 한다.

A형 차트
활용 사례 ⑧

이 A형 차트를 작성한 사람은 회사원인 모리 씨(50대, 남성)입니다. 그는 2006년에 만다라 다이어리를 접하고, 2010년부터 다이어리 활용 세미나에 참여하기 시작했다고 합니다. 2019년에는 만다라 차트 인증 강사 자격도 취득했습니다.

이 A형 차트의 주제는 '마라톤 풀코스 완주 목표'이고, 구체적인 목표는 '완주까지 3시간 55분 이내, 1킬로미터당 5분 33초를 목표로 뛰기'입니다. 마라톤을 취미로 즐기는 모리 씨가 목표를 달성하기 위해 이 차트를 작성한 것입니다. 모리 씨는 차트의 중심핵 주변에 '기본', '의식', '도전', '잡념에 대한 대책', '체크', '통증 발생 시', '문제 발생 시', '컨디션 저하 시'라는 항목을 설정하고, 각각의 칸에 신경 써야 할 내용들을 기록했습니다. 실제 마라톤에 출전할 때는 이 A형 차트를 4분의 1 크기로 축소해 주머니에 넣고 달렸다고 합니다. 달리는 중에 주의해야 할 점이나 문제가 발생했을 때 어떻게 대처할지를 확인하기 위해서였지요.

이 A형 차트를 작성한 결과, 모리 씨는 마라톤 풀코스에서 기록을 3시간 51분 46초로 단축할 수 있었다고 합니다. 또한 마라톤뿐만 아니라 일상생활에서도 '시간 사용 방식'이 바뀌어 중장기 계획을 더 쉽게 실현할 수 있게 된 것 같다고 합니다. 게다가 과제나 어려운 상황에 직면했을 때도 만다라 차트에 적어 보면 머릿속이 정리되고, 마음이 차분해지는 효과도 느꼈다고 합니다.

F 통증 발생 시	C 도전	G 문제 발생 시
통증이 발생하면 페이스를 조절한다. 일단 멈춰서 스트레칭한다.	발뒤꿈치를 좌골(골반을 이루는 좌우 한 쌍의 뼈) 쪽에 가까이 가져다 댄다. 발에 힘을 빼고 무릎을 굽혀 접는다.	통증이 가라앉지 않는 질병성 통증일 경우 주저하지 말고 포기!
B 의식	마라톤 목표	D 잡념에 대한 대책
엄지발가락 앞꿈치 → 새끼발가락 앞꿈치로 움직여 발가락을 부드럽게 사용한다. 천골(허리뼈와 꼬리뼈 사이에 있는 큰 삼각형 모양의 뼈) 집어넣기 고관절 외회전 (바깥으로 굴리기)	3시간 55분 이내 완주 (킬로미터당 5분 33초)	이번 1km에 집중! 앞일은 생각하지 말기 잡념이 떠오르면 풍경이나 거리 모습 즐기기
E 체크	A 기본	H 컨디션 저하 시
피치(pitch) 떨어짐 코로 호흡하지 못하고 입으로 호흡하게 됨 자세가 흐트러짐 위의 어느 경우라도 페이스를 조절할 것!	① 견갑골로 피치를 맞춘다. ② 코로 호흡 ③ 시선은 멀리	컨디션이 좋지 않다면 주저하지 말고 포기!

B형 차트 활용 사례 ①

도쿄에서 부동산 관련 일을 하고 있는 40대 미즈키 씨가 작성한 B형 만다라 차트입니다. 미즈키 씨의 아들은 대학 입시를 마치고 부모 곁을 떠나 처음으로 자취 생활을 시작하게 되었습니다. 미즈키 씨와 아들 모두 처음 겪는 일이어서 자취 생활에 필요한 것들을 만다라 차트로 정리해보려고 마음먹었다고 합니다.

짧은 시간 안에 이사하고 자취 생활을 시작하려면 해야 할 일들이 줄줄이 가득해 머리가 복잡해지기 마련이지요. 하지만 만다라 차트에 해야 할 일을 모두 적어보면, 이렇게 깔끔하게 이해할 수 있는 형태로, 필요한 것들을 빠짐없이 잘 정리할 수 있습니다.

6 신용카드 개설	3 집세 등 지불	7 각종 수속
전자 머니화에 대비해 초기에 활용. 아마존 등에서 물건을 배송시킬 때 편리함.	개설한 계좌에서 매달 27일에 자동이체로 빠져나감. 최초 등록 완료 시까지는 직접 지불해야 함.	신용카드 개설 후에는 기존의 계좌 자동이체에서 신용카드 지불로 변경 수속. 적립된 포인트 활용
2 WEB 등록	**F 생활비 송금**	4 생활비
잔고 조회, 입금 및 송금 업무 등에 사용. 확인하기 편리함.		생활비 명목으로 일정 금액을 25일에 메인 계좌로 송금. 서로 공유하기
5 가계부	1 계좌 개설	8 아르바이트
생활비(수입, 지출) 내역을 파악하고 금전 감각을 기른다. 금전 실천 교육	생활비용 메인 및 서브 계좌 개설. 2가지 은행 계좌 마련하기. 시중 은행. 우체국 은행	사회 공부. 공부 우선. 학원 강사 등

6 관리회사 확인	3 우선순위	7 이사 시기 확인
대학교 제휴 회사 혹은 근처에 관리하는 건물이 많은 회사 정보를 확인	역 근처 혹은, 대학교 근처. 버스 이용 혹은 자전거 이용 결정	3월 말 ~ 4월 1일 사이
2 활동 확인	**B 자취방 찾기**	4 자전거 통학
하루 스케줄을 확인. 동아리, 연구 등. 버스 막차 시간을 넘길 가능성 있음.		
5 인터넷 정보	1 위치 확인	8 사전 점검
인터넷으로 사전 검색해서 시세 확인. 지도상에서 확인할 수 있는 사이트가 도움이 됨.	대학교 기숙사 및 주요 역, 버스 정류장 등을 확인(역에서 도보 45분, 버스 막차 시간 19시 30분경)	2월 말에 실제로 보러 가기로 결정. 1개월 전부터 구체적으로 계획한다.

6 쓰레기 버리는 방법	3 주차장 확인	7 가구 배치 장소
해당 자치단체 홈페이지에 접속. 웹으로 쓰레기 및 분리수거 배출 방법 알아보기	자동차로 이사할 경우 미리 주차장 확인. 부동산 회사에 연락하기	주문한 가전 가구가 제대로 설치될지, 콘센트 위치는 괜찮을지를 확인
2 날짜 정하기	**E 이사**	4 개통 연락
종이 박스를 마련해 미리 포장. 이사 전날까지 차에 실어두기		전기, 수도, 가스, 우체국 등 사전에 등록. 인터넷 개통 공사(3주 이상 걸리는 경우도 있음.)
5 열쇠 수령	1 선택	8 이사 갈 곳
열쇠를 수령해 실내 체크. 금 간 곳, 파손 부분 확인. 사진으로 찍어두기. 부동산 회사와 360도 카메라 영상 공유	개인이 할지, 이사업체에 의뢰할지. 거의 다 구입할 거기 때문에 배송될 물건이 대부분.	

6 별도 의뢰	3 이사일 조정	7 보증 계약	6 쓰레기 버리기	3 음식	7 친구
비데 교체 공사 의뢰	보증인(부모) 자료, 소득증명, 인감증명, 인감도장, 계약금	보증회사 필수, 계좌 이체	쓰레기 수거일은 정해져 있다. 그때그때 확실하게 버린다. 정리란 버리는 것. 정리란 바로 파악할 수 있도록 하는 것	맛있는 음식을 먹고 싶으면 자기가 직접 만들던지, 돈을 주고 사 먹으러 나갈 수밖에 없다. 실력을 갈고닦을 것!	놀기 좋아하는 친구가 아니라 다정한 친구를 사귄다.
2 사전 준비	**C 계약 수속**	4 계약 조건	2 설거지	**G 실천**	4 청소
본인 확인 자료, 신분증명서, 학생증, 합격통지서, 주민표*		계약 내용, 집세, 퇴거 조건, 지불 방법, 계약 해지 통보 등을 확인	다 먹고 난 그릇은 본인 스스로 닦는다. 누군가가 설거지해주지 않는다.		화장실 청소, 방 청소. 매일 조금씩이라도 해야 집을 깨끗하게 유지할 수 있다.
5 계약 체결	1 자취방 입장	8 임대 계약 갱신 시점	5 시간 컨트롤	1 세탁	8 그 지역의 수호신
서류에 서명 날인. 계약금 지불	사전에 인터넷으로 정보 얻기. 후보지를 임장한 후, 부동산 중개소에 의뢰	계약서	누구도 깨워주지 않는다. 그 누구도 빨리 자라고 말하지 않는다. 자기 스스로 결정해야 한다. 모든 것은 자기 책임	벗어 놓은 빨랫감이 세탁되고, 개어져 있는 것은 당연한 일이 아니다. 세탁한 뒤 건조하고, 잘 접어놓는다.	사는 지역을 보호해주는 수호신에 대해 알아보고, 참배한다.
F 생활비 송금	**C 계약 수속**	**G 실천**	6 조명기구	3 침구	7 그 외 잡다한 물건
			천장용 부착 조명을 사전에 마련. 설치 시 접이식 사다리 필요	침대, 매트, 시트, 침구, 베개 등	시계, 알람 시계, 세제류, 램프, 쿠킹호일, 키친타월, 화장지, 자전거, 빨래건조대 등
B 자취방 찾기	**이사 첫 자취 생활**	**D 쇼핑**	2 가전	**D 쇼핑**	4 책상·가구
			냉장고, 세탁기, 오븐 레인지, 드라이기, 전기밥솥, 정수기, 컴퓨터, 프린터, TV 등		책상, 의자, 그릇 선반, 책장 등
E 이사	**A 대학 합격**	**H 기타**	5 주방용품	1 커튼	8 식재료
			부엌칼, 도마, 냄비, 주전자, 식기류, 수저 등	창문 위치, 개수, 사이즈를 확인해 사전에 마련. 상황에 따라서 부동산 회사에 측정을 부탁한다.	소금, 후추, 술, 물, 맛술, 설탕, 쌀, 된장, 채소류 등
6 복장	3 입학 수속	7 이발	6 신분 증명	3 이사업체	7 확인 사항
정장 등 사전에 드라이클리닝 혹은 구입. 가죽 구두도 준비	수속 기한 안에 입학금을 수납한다. 은행 송금 혹은 웹에서 신용카드로 지불	입학식 전까지 용모 정돈	주민표는 원래 살던 곳 그대로. 신분 증명용으로 소형 오토바이 면허 따기	3월 말에 이사업체 의뢰 비용은 평상시 대비 3배로, 비용이 너무 비싸거나 예약 자체가 어려움.	자전거 주차장 유무. 사전 신고 및 비용. 전용 도구 등
2 합격	**A 대학 합격**	4 우편물 확인	2 배송 물건 날짜 설정	**H 기타**	4 여벌 열쇠 마련
합격 발표를 확인. 웹사이트 확인. 우편물 확인		대학 안내, 생협(대학교 생활협동조합) 등 우편물 확인	3월 초에 주문해서 말에 배송은 시간이 맞지 않음. 주말은 수령 불가		정밀하고 보안성이 높은 딤플 키는 여벌 열쇠를 만드는 데 2주 이상 걸리기 때문에 주의
5 입학식	1 수험	8 스타트	5 리스크 회피	1 방문용 선물	8 마음
입학식 및 사전 행사 일정을 확인해 이사를 준비한다.	수험 날에 대비해 공부에 힘쓰고, 컨디션을 조절한다.		자동 잠금(오토락) 션에 불가피하게 들어가지 못할 때 대처 방법 확인	부동산 회사, 옆집(세집 정도). 집주인 것도 준비	마음을 갈고닦아라!

* 우리나라의 주민등록 등본 개념입니다. - 역자 주.

B형 차트 활용 사례 ②

이 B형 차트는 도쿄에 있는 모 IT 회사에 근무하는 여성 K씨가 작성한 만다라 차트입니다. 그 회사에서는 일반 사단법인 만다라 차트 협회의 프로그램을 통해 직원들끼리 만다라 차트를 사용하면서 정기적으로 목표 설정을 공유하고 있다고 합니다. K 씨가 설정한 주제는 '인생과 비즈니스를 즐기자!'입니다. 자세, 능력, 성과를 2가지 부분으로 나눠 작성하고, 취미·가정, 건강·스포츠 등과 같은 개인적인 요소도 포함해 인생의 균형을 맞추려고 하고 있습니다. 이처럼 회사에서 만다라 차트를 공유함으로써 목적의식이나 작업의 진행 상황 등을 공유하기 쉬워지며, 또한 모든 직원이 업무와 개인 생활 간의 균형을 의식할 수 있게 된다는 장점이 있습니다.

6	3	7
오탈자를 없앤다.	답장을 작성한다.	정곡을 찌른 답장을 쓸 수 있다.
2	F 이해력 향상	4
과거와 유사한지 확인한다.		답장의 내용이 잘 이해되게 작성되어 있는지 확인한다.
5	1	8
문장을 올바르게 작성하는 방법을 확인한다.	매일 상대의 대화 내용을 복습한다.	이해력이 향상된다.

6	3	7
	썸네일을 알아보기 쉽게 만든다.	조회수가 늘어난다.
2	B 현재 유튜브 채널 구독자 수를 늘린다.	4
VYOND (비욘드 : 영상제작 AI 서비스)의 갱신을 확인한다.		조회수 증가를 목표로 한다.
5	1	8
	정기적으로 콘텐츠를 업로드한다.	채널 구독자 수가 증가한다.

6	3	7
	교육한다.	역량을 확인한다.
2	E 전 멤버가 스킬 맵 별도 표1에서 '2'가 되어 담당할 수 있다.	4
매뉴얼이 정비되어 있는지 확인한다.		이해도를 확인한다.
5	1	8
	팀원 개개인이 스킬 맵을 정리한다.	멤버 전원의 스킬 맵이 2가 된다.

만다라 차트

좌상 블록

6	3 업무에 어떻게 활용할 수 있을지를 생각해본다.	7
2 실제로 사용해본다.	**C 스킬 맵(Skill Map)의 별도 표 1에서 '3'을 늘린다.**	4 외부 강좌, 책으로 공부한다.
5	1 '내일의 시간(업무 중 자신의 성장을 위해 사용하는 시간의 명칭)'에 1, 2 항목을 중점적으로 공부한다.	8 복습을 통해 몸에 숙달되었는지 확인한다.

우상 블록

6 잡담을 한다.	3 다른 사람에게 의지한다.	7
2 셀프 컨트롤 기술을 조사한다.	**G 너무 신경 쓰지 않는다.**	4 질문에 대해 제대로 답할 수 있다.
5 '내일의 시간' 실시	1 해석을 바꾼다.	8

중앙 좌측 블록

F 이해력 향상	**C 스킬 맵(Skill Map)의 별도 표 1에서 '3'을 늘린다.**	**G 너무 신경 쓰지 않는다.**
B 현재 유튜브 채널 구독자 수를 늘린다.	**주제 — 인생과 비즈니스를 즐기자!**	**D 리더로서 모범이 된다.**
E 전 멤버가 스킬 맵 별도 표1에서 '2'가 되어 담당할 수 있다.	**A 건강한 몸을 의식한다.**	**H 휴가를 알차게 보낸다.**

중앙 우측 블록

6	3 차분하게 행동한다.	7
2 올바른 언어 사용	**D 리더로서 모범이 된다.**	4 의견을 듣는다.
5	1 정보 공유	8 당당하게 본보기라고 말할 수 있다.

좌하 블록

6	3 샐러드를 의식적으로 먹는다.	7
2 하루에 3,000보를 걷는다.	**A 건강한 몸을 의식한다.**	4 하루에 마시는 술의 양을 줄인다.
5 두통 개선을 검토한다.	1 매일, 채소 주스를 마신다.	8 균형 잡힌 식생활을 한다.

우하 블록

6 자동차로 멀리 여행을 간다.	3 카메라를 들고 사진을 찍는다.	7
2 SNS의 영향을 받지 않는다.	**H 휴가를 알차게 보낸다.**	4 애완동물과 보내는 시간을 소중히 한다.
5 가고 싶은 콘서트에는 적극적으로 간다.	1 흥미 있는 장소에 간다.	8

B형 차트 활용 사례 ③

이 B형 차트를 작성한 사람은 남편이 운영하는 미용실에서 회계 등 뒤에서 업무를 서포트하면서, 비즈니스 스쿨에서 회계, 총무, 업무 효율화에 관한 강의를 하는 나가오 씨(50대)입니다. 이 차트의 주제는 '10년간의 지침'으로, 차트를 작성했던 2019년부터 2028년까지의 인생 계획을 몇 가지 분야로 나눠 정리한 것입니다. 중심 주제 주변에는 '생활의 기반', '평생 학습의 기반', '마음의 기반', '사회 교류의 기반' 등 업무에 국한되지 않고, 개인적인 영역에 이르기까지 다양한 분야가 포함되어 있습니다. 나가오 씨는 이 차트를 작성함으로써 인생 계획을 차트에 반영하면서 자신의 현재 위치를 파악할 수 있게 되었고, 마음의 안정감을 얻을 수 있었다고 합니다.

6 배우는 사람	3 평생교육	7 함께하는 사람
늘 함께 갈고닦는다.	다른 사람의 '희망'과 연결된다.	있는 그대로 함께한다.
2 비즈니스 스쿨	**F 다른 사람을 지원한다.**	**4 가족**
비즈니스 현장에 필요한 핵심적인 기초지식의 '어려움'을 함께 맞선다.		가까운 가족들의 행복을 위해 함께한다.
5 비즈니스 하는 사람	1 우리 회사의 직원들	8 도움을 줄 수 있는 사람
마음도 장사도 풍요롭게 한다.	업무에 임하는 마음가짐을 보조 (에니어그램, 치지****)	서로 위로한다.

6 습관화	3 의욕 UP	7 자신과 마주하기
● 사고 습관을 바꾸고 시간에 대한 관점을 →에서 ⑤로 전환하기	● 하이브리드 리더 셀프 코칭 방식 〈자신의 깨달음에 귀 기울이기〉	● 스타카미 모임에서 서예와 펜글씨 공부로 자신을 비춰보고 마주하기
2 인생 창조	**B 평생 학습의 기반**	**4 자기 평가 UP**
● 만다라 사고 ● 만다라 차트 ● 만다라 다이어리		● 하이브리드 리더 뇌 우위성 진단 〈뇌의 잠재력을 끌어내고, 건강한 마음으로 살아가기〉
5 담당	1 기회 제공	8 도전
● 비즈니스 스쿨 회계, 총무, 효율화에 관련된 각종 강좌	● 이해하기 쉬운 전달 방법과 소통 방식 ● 다른 사람에 대한 이해 기반	항상 브러시업 (Brush up/ 전에 배웠거나 잊었던 것을 다시 공부하기)

6 감사	3 말을 건넨다.	7 요리
밝은 마음으로 감사를 전한다.	자주 연락을 한다.	하루에 10가지 음식을, 신경 써서, 균형 잡히게, 부담 없이
2 걱정거리	**E 가정을 지원한다.**	**4 손길을 건넨다.**
● 부부끼리 서로 보완해 돕는다. ● 부모님의 건강		서로 배려한다.
5 단사리(斷捨離)	1 일상	8 기념일
5가지를 잊지 말기! (정리, 정돈, 청소, 청결, 예의)	공기를 깨끗하게 유지한다.	자연스럽게 축하하기

만다라 차트 (2028년까지 나의 지침)

중앙 블록 (주제)

F 다른 사람을 지원한다.	C 마음의 기반	G 자신을 지원한다.
B 평생 학습의 기반	**주제: 2028년까지 나의 지침**	D 사회 교류의 기반
E 가정을 지원한다.	A 생활의 기반	H 환경을 지원한다.

C. 마음의 기반

6 정돈하기	3 안정	7 윤리적인
● 마인드풀니스 호흡법	● 사상, 철학, 심리학을 탐구	● 오가닉(유기 농업), 리트릿**을 전개
2 안심	**C 마음의 기반**	**4 온화함**
● 몸을 건강하게 유지한다.		● 가드닝을 통해 색채와 은혜, 향기, 풍요로움을 느끼기
5 스트레스 경감	**1 기반**	**8 만들어내기**
● 필라테스, 기쿠치 체조*	● 서예를 통한 사물 파악법	● 서예 작품 창작, 전람회 출품 ● 식물의 생명에 관여한다.

G. 자신을 지원한다

6 만다라 사고	3 성장	7 서예
● 인정 강사 ● 세미나 복습 ● 차트 활용 ● 치지 다이어리**** 활용 ● 함께 공부하는 사람과 교류	도움이 되고 있다고 실감하는 것	● 치구사카이 서예전, 요미우리쇼호 전 출품 ● 매달 경서***** ● 함께 공부하는 사람과 교류
2 에너지의 근원	**G 자신을 지원한다.**	**4 지식**
● 사람들이 부탁한 일 ● 붓을 들 때		● 본질을 아는 것 ● 축(중심)에 대해 의식한다.
5 하이브리드 리더	**1 셀프 이미지**	**8 독서**
● 셀프 코칭 방식 ● 뇌 우위성 진단 ● 함께 공부하는 사람들과 교류	자기 평가를 건전하게 유지한다.	책을 통해 많은 사람과 '만나고, 자극을 받는다.'

D. 사회 교류의 기반

6 자신의 중심	3 시민 고대사 모임	7 동기 모임
우리나라와 지역의 역사를 배움으로써, 자신의 중심을 안다.	고사기***를 함께 배우는 동료	중학교, 고등학교, 대학교 각각의 동창 모임에 참가
2 오모리 미나토 클럽	**D 사회 교류의 기반**	**4 이즈미 회**
핫코다마루 부근의 아오모리항구 유지 발전 NPO활동 지원 (회계감사)		서예를 함께 배우는 동료
5 지역 커뮤니티	**1 오시라비소 회**	**8 내 주변을 둘러싼 사회**
사회공헌사업을 통해 커뮤니티 만들기	핫코다산 도호쿠 대학 식물원 보전 자원봉사 활동	일과 배움을 통한 만남

A. 생활의 기반

6 신속	3 신뢰	7 심화
공적인 서류 작성, 제출	우리 회사의 인사 관리	POS 프로그램 도입
2 정확	**A 생활의 기반**	**4 확대**
우리 회사의 매출 관리		우리 회사의 정보 발신, SNS, 무료 정보지, 윈도우 디스플레이
5 계획	**1 안심**	**8 전진**
사업 계획을 세우다.	우리 회사의 재무관리	다음번 사업 전개

H. 환경을 지원한다

6 계몽	3 미래	7 보전
● 무료 정보지 발생 ● 세미나 개최	한 사람, 한 사람의 인생에 대해 질문	환경보전에 관한 작은 활동 실천
2 사상	**H 환경을 지원한다.**	**4 지키다**
도덕적인 경영활동		SDGs 생명을 소중히 여기다.
5 활동하다	**1 알다**	**8 협력하다**
● 공정 거래 무역 상품 판매 ● 모금 활동	질 높은 정보를 얻다.	공유할 수 있는 사람들과 셰어

---

* 기쿠치 가즈코가 만든 체조로, 체조를 통해 자신을 사랑하고 긍정적으로 사는 방식을 전하고 있습니다. - 역자 주.
** 리트릿(Retreat)은 요가나 명상, 디지털 디톡스 등을 통해 일상에서 벗어나 고요한 환경에서 자신을 돌아보고 재충전하는 시간을 의미합니다. - 역자 주.
*** 고사기(古事記)는 일본 신화가 들어 있는 일본의 역사서를 말합니다. - 역자 주.
**** 치지(致知)는 일본의 자기 계발 철학 관련 잡지를 말합니다. - 역자 주.
***** 경서(競書)는 서예 작품으로 우열을 겨루는 것을 말합니다. - 역자 주.

B형 차트 활용 사례 ④

6 월요일	3 화요일	7 수요일
① 블로그 작성 ② 세미나 준비 ③ 개인 트레이닝 ④ 인풋·학습	○ 세미나 개최 ● 인사 담당 ● 경영자	① 동영상 만들기 ② 세미나 준비 ③ 개인 트레이닝 ④ 인풋·학습
2 목요일	**F 주간 계획**	**4 금요일**
○ 세미나 개최 ● 수험·자격 ● 교육관계자		① 동영상 만들기 ② 세미나 준비 ③ 개인 트레이닝(PT)
5 토요일	**1 일요일**	**8 월간 활동**
○ 세미나 개최 ● 창업 ● 인생	휴식	집필 활동 완성률 25% 목표

6 운동선수 대상	3 사회인 대상	7 목표가 없는 사람 대상
세미나 @○○엔 ×2일=○○엔 단체 컨설팅 @○○엔 ×○회(會)=○○엔	세미나 @○○엔 ×2일=○○엔 개인 컨설팅 @○○엔 ×○인(人)=○○엔	세미나 @○○엔 ×2일=○○엔
2 법인 대상	**B 월간 매출·이익 계획**	**4 교육자 대상**
세미나 @○○엔 ×2일=○○엔 컨설턴트 @○○엔 ×○사(社)=○○엔		세미나 @○○엔× 2일=○○엔 학교 컨설팅 @○○엔 ×○교(校)=○○엔
5 학부모 대상	**1 창업 세미나**	**8 합계**
세미나 @○○엔 ×1일=○○엔 개인 컨설팅 @○○엔 ×○인(人)=○○엔	세미나 @○○엔 ×1일=○○엔 학교 컨설팅 @○○엔 ×○교(校)=○○엔	세미나 @○○엔 ×12일=○○엔 개인·법인 컨설팅 @○○엔 ×○사(社)=○○엔

6 개인 인맥	3 동료 코치	7 다른 업종
● 변리사 ● 법무사 ● 부동산 관련 ● 동창 관련	동료 코치 인맥	● ○○ 술 모임 등 다른 업종의 인맥 확대
2 전 직장 거래처	**E 인맥 계획**	**4 법인 모임**
● DEV 관련 ● 내부 인테리어 관련 ● 부동산 관련		● ○○법인 모임의 인맥을 탐색한다.
5 업무 연결고리	**1 전 직장**	**8 앞으로의 인맥**
● 변리사 ● 법무사 ● 부동산 관련	● 전 직장 동료	다른 업종을 포함한 모임에 최소한 월 2회 참가, 깊이 있는 소통을 한다.

이 B형 차트는 창업을 목표로 다나카 씨가 작성했습니다. 중심 주제는 '창업으로 성공하기'입니다. 그 주변에는 '경영 이념·목적', '월간 매출·이익 계획', '자금 계획', '프로모션(고객 유치)', '인맥 계획', '주간 계획', '시스템 계획', '1년 후의 모습'이라는 항목이 배치되었으며, 가지(branch)는 다시 8개의 항목으로 세분화되어 있습니다. 흥미로운 점은 F '주간 계획'입니다. 여기에는 이후 소개할 만다라 다이어리의 사고방식이 반영되어 있으며, 요일별로 무엇을 할지 구체적인 자신의 행동 계획이 명확히 드러납니다. 또한 '1년 후의 모습'에는 개인적인 자신의 미래 모습도 포함되어 있어, 단순히 업무에만 집중된 것이 아니라 인생의 8가지 영역에 관해 균형을 이룹니다.

6 학습 비용	3 시스템 관련	7 섭외·교제(交際) 비용	6 동영상 편집	3 블로그	7 자체 제작 홈페이지
유료 세미나 ○○엔	홈페이지 제작 ○○만 엔	인맥 만들기, 접대 교제비 ○○만 엔	주 2회 편집	주 2회 포스팅 준비	프라이치*를 사용해 이벤트 맞춤 페이지 제작
2 사무실 관련	**C 자금 계획**	**4 운영 비용**	**2 페이스북**	**G 시스템 계획**	**4 LINE@(라인 계정)**
보증금 ○○만 엔 내부 인테리어 ○○만 엔 설비 ○○만 엔 비품 ○○만 엔		월세 ○○엔 주차장 ○○엔 시스템 ○○엔 광고 ○○엔 기타 ○○엔	실제로 교류하는 (활동하는) 친구 수 5,000명, 1년 후		홈페이지, 블로그를 통해 LINE으로 연결되도록 만들기
5 운전 자금	**1 자본금**	**8 합계**	**5 유튜브**	**1 홈페이지 제작**	**8 LIVE 방송**
○○만 엔	자기자본 ○○만 엔 대출 ○○만 엔	초기 비용 ○○만 엔 운영비 ○○만 엔	주 2회 업데이트 준비	제작회사와 제휴 ○월 ○일 오픈	페이스북 LIVE 등을 통해 월 2회 라이브 방송
F 주간 계획	**C 자금 계획**	**G 시스템 계획**	**6 팸플릿·무료 전단**	**3 홈페이지**	**7 블로그**
			자사의 사업을 A4 뒷면에 설명하기 위한 것 홈페이지에서도 출력 가능	사업 정보를 업데이트한다.	신문·TV·사건 등에 대한 느낀 점을 블로그에 포스팅한다.
B 월간 매출·이익 계획	**주제 창업으로 성공하기**	**D 프로모션 (고객 유치)**	**2 LINE@**	**D 프로모션 (고객 유치)**	**4 유튜브**
			페이스북 등을 통해 1:1 상담 유치		사업 정보나 노하우, 자기소개 등, 비즈니스를 하는 방법, 비즈니스에 관한 생각을 알린다.
E 인맥 계획	**A 경영 이념·목적**	**H 1년 후의 모습**	**5 FAX·DM**	**1 페이스북**	**8 프로모션 믹스**
			직원 수 30명 이상인 회사·인사과에 접근하기	페이스북 라이브 방송 시 홈페이지 및 SNS 링크	모든 SNS를 프로모션과 연동시킨다.
6 교육자를 위해	**3 관리직을 위해**	**7 학부모를 위해**	**6 사업 확대**	**3 동료**	**7 경제적**
가르치는 아이들에게 목표를 명확하게 하고 행동하는 것의 중요성을 교육	본인과 부하 직원과의 관계 활성화에 대한 목표·행동 실천	자녀에 대한 장래 계획· 인생 계획을 지도하기	● 커뮤니티, 비즈니스를 시작으로 궤도에 오르기 시작한다.	● 여가, 취미 친구 ● 업무협력을 할 수 있다. ● 신뢰로 이어져 있다.	● 목표로 했던 수입을 벌고, 더 높은 금액을 목표로 삼는다.
2 경영자를 위해	**A 경영 이념·목적**	**4 직원들을 위해**	**2 가족**	**H 1년 후의 모습**	**4 본인**
경영자 본인의 목표·행동 실천		능력을 향상시키기 위해 본인의 목표·행동 실천	● 풍요로운 삶 ● 마음의 유대관계 ● 부모 돌봄과 양립		● 다양한 인간 관계에 감사하고 더 신뢰 관계를 구축할 수 있도록 하겠다.
5 인사 담당자를 위해	**1 창업하는 사람을 위해**	**8 인생에 대한 계획이 없는 사람들을 위해**	**5 매스컴**	**1 사회 공헌**	**8 만족도**
인사 정책을 알리는 것에 대한 목표·행동 실천	창업 목표 수립과 행동 실천을 함께 한다.	목표가 없거나 잃어버린 사람들을 위한 문제 해결· 목표 달성과 실천	지역 방송의 취재에 응해, 다시금 인지도를 높인다.	● 고객에게 깨달음을 주고, 활기 넘치는 인생을 살아가는 계기를 제공함으로써 사회공헌을 하고 싶다.	● 창업한 이후로 사회 공헌도 하고 자신의 목표를 달성했다는 점에 대해 만족하고 있다.

* 무료 홈페이지, 랜딩 페이지 제작 어플을 말합니다. - 역자 주.

B형 차트
활용 사례 ⑤

이 B형 차트를 작성한 사람은 회사에서 회계를 담당하는 40대 여성 구리타(栗田) 씨입니다. 주제는 '회계 매뉴얼 작성하기'입니다. 회사 내에서 회계 매뉴얼을 만드는 데 있어, 필요한 것이 무엇인지를 정리하기 위해 이 차트를 만들었다고 합니다. B형 차트이지만, 비어 있는 칸도 많습니다. 하지만 전혀 신경 쓰지 않아도 됩니다. 칸이 고르게 채워지지 않았다는 점은, 뒤집어 보면 자신의 사고방식에 편향이 있다는 것을 알려줍니다. 구리타 씨는 이 차트를 작성한 후, 그동안 쉽사리 손대지 못했던 매뉴얼 작성 작업에 수월하게 착수할 수 있게 되었다고 합니다. 만다라 차트 덕분에 머릿속이 정리되고, 단계를 파악할 수 있었기 때문이겠지요.

6	3 진행 가능한지 묻는다. ● 진행할 수 없으면 의미 없음	7
2 이해 정도를 묻는다. ● 보다 더 알기 쉽게 하려고	F 작성 후 확인 작업	4 개선점을 묻는다. ● 더 좋게 만들려고
5	1 어려운 부분을 묻는다. ● 다른 사람에게 확인함으로써, 누구나 이해할 수 있게 된다.	8

6	3 원가 시스템 ● 소액 정산 ● 미지급 전표, 미지급 지불 전표** ● 매출 전표 ● 입금 전표	7
2 회계 시스템 ● 대체전표* ● 지급 전표 ● 고정 자산	B 매뉴얼 구분	4 기타 업무 ● 월차 처리 ● 은행 송금 등 처리 ● 이행 보증 ● 입금 처리
5	1 업무 흐름 ● 하루 흐름 ● 주간 흐름 ● 월간 흐름 ● 연간 흐름	8

6	3 막힘 없이 넘어가는가? ● 읽으면서 상상할 수 있을지, 없을지를 확인해 나간다.	7
2 보기 쉬운가? ● 대충 눈으로 훑어본다.	E 확인 사항	4 누락된 부분은 없는가? ● 매일 하는 업무를 매뉴얼로 확인해 가며 해본다.
5	1 오탈자는 없는가? ● 한 자 한 자 훑어본다.	8

6			3 내용을 압축한다.	7		6			3	7	
			● 너무 세세하게 여러 가지 내용이 담겨 있는 나머지 보기가 싫어지지 않도록 요점만								
2 이해하기 쉬운 표현			**C** 주의해야 할 포인트는?	4		2 개정, 갱신을 거듭하다.			**G** 더 좋게 만들기 위해서는?	4	
● 자신만 아는 단어를 사용하지 않는다. ● 누구나 이해할 수 있도록						● 옛것 그대로인 상태로는 사용할 수 없게 된다. ● 계속 사용하기 위해서 필요					
5			1 대상에 부합하는 것	8		5			1 스터디 모임을 한다.	8	
			● 보기 쉽게 ● 이해하기 쉽게 ● 적절하게						● 스터디 모임을 함으로써 다른 사람의 이해도가 오른다. ● 점점 더 좋아진다.		
	F 작성 후 확인 작업		**C** 주의해야 할 포인트는?		**G** 더 좋게 만들기 위해서는?	6			3 시스템 순서	7	
									● K-chan! 시스템 ● 혼케(本家) 시스템		
	B 매뉴얼 구분		주제 회계 매뉴얼 작성하기		**D** 매뉴얼 종류	2 흐름도			**D** 매뉴얼 종류	4 업무 매뉴얼	
						● 업무의 흐름				● 회계 업무	
	E 확인 사항		**A** 무엇을 위해 필요?		**H** 활용 방법은?	5			1 매뉴얼 종류 리스트	8	
									● 어떤 매뉴얼이 있는지 한눈에 알 수 있도록		
6 인수인계가 쉽다.			3 업무의 질 균일화	7		6			3 업무 인수인계 시 사용	7	
● 업무 인수인계를 하는 사람은 설명하기 편해진다. ● 인수인계를 받는 사람은 매뉴얼이 있어 안심			● 특정 사람 스타일대로 되지 않는다. ● 특정 사람만 알 수 있는 것이 되지 않는다.						● 업무 담당 변경이나 이동 시에 사용한다.		
2 누구나 이해할 수 있도록			**A** 무엇을 위해 필요?	4 효율화		2 공용 폴더에			**H** 활용 방법은?	4 매뉴얼을 보며 실전	
● 담당하는 사람이 없더라도 곤란하지 않도록 ● 업무가 정체되지 않도록				● 매뉴얼대로 진행하면 안심 ● 여유가 생긴다.		● 언제든지 불러올 수 있다. ● 본인의 책상에서 볼 수 있다.				● 담당자 부재 시, 다른 사람이 보고 따라 할 수 있게 한다.	
5 실수가 줄어든다.			1 누구나 따라 할 수 있도록	8		5			1 비치 장소	8	
● 일일이 확인하며 진행할 수 있다.			● 혼자서도 할 수 있도록						● 눈에 띄기 쉬운 곳 ● 금세 꺼낼 수 있는 곳 ● 다른 사람에게도 전해둔다.		

* 현금의 입금 또는 출금이 수반되지 않는 거래를 기록하기 위해 사용하는 전표를 말합니다. - 역자 주.
** 미지급 전표는 미지급 상태를 기록한 전표이고, 미지급 지불 전표는 미지급금을 지급하면서 발행하는 전표를 말합니다. - 역자 주.

B형 차트 활용 사례 ⑥

이 B형 차트를 작성한 사람은 요양원에 근무하는 30대 남성, 고바야시(小林) 씨입니다. 주제는 '내가 할 수 있는 가족 공헌'입니다. 사랑하는 가족을 위해, 아버지로서, 남편으로서 자신이 무엇을 해왔고, 앞으로 무엇을 할 수 있을지를 명확히 하기 위해 작성했다고 합니다.

중심 주제 주변에는 '가사', '자녀들과 놀아주기', '이야기 들어주기', '이벤트 기획' 등의 항목이 배치되어 있으며, 평상시 본인이 하는 것들을 기반으로 작성되었습니다. 이 차트를 되돌아보며 '반성'을 통해 자신이 가족과 진지하게 마주하고 있는지를 확인하고 있다고 합니다. 만다라 차트는 업무 이외의 어떠한 분야에서도 유연하게 활용할 수 있는 도구라는 점을 잘 보여주는 사례라고 할 수 있습니다.

6 아내와 자녀들을 위한 케이크 선물은 이벤트 때만 한다.	3 저축한다.	7 자녀들에게도 돈의 소중함을 가르쳐준다.
2 가계부를 작성하며 관리한다.	**F 돈**	4 가족이 즐거워하는 일에 사용한다.
5 맥주는 쉬는 날에만 마신다.	1 급여를 받는다.	8 자녀들에게 돈으로는 살 수 없는 것이 있다는 것을 가르쳐준다.

6 숨바꼭질	3 간지럼 태우기	7 카드 게임 (트럼프, 화투)
2 목말을 태우고 걸어 다닌다, 목말을 태우고 빙글빙글 돈다.	**B 자녀들과 놀아주기**	4 캐치볼, 축구
5 배드민턴	1 껴안고 뒹굴뒹굴한다.	8 인형 놀이, 쇼핑 놀이, 요정 놀이 → 졸음 주의

6 자녀에게 직장을 보여준다.	3 자녀들에게 산, 바다, 숲, 강 등 자연을 접할 기회를 마련한다.	7 무엇보다 감사하는 마음을 갖는 것을 자녀들에게 가르쳐준다.
2 자녀들에게 자신이 싫어하는 것은 다른 사람에게도 하지 않는다는 것을 가르쳐준다.	**E 배움·사회**	4 자녀들에게 노란 블록, 소리가 나는 신호등, 휠체어 전용 주차장 등 장애인에 대한 사회적 배려에 대해 가르쳐준다.
5 자녀들에게 장애아동과 장애인, 치매 환자의 존재를 가르쳐준다.	1 자녀들에게 길가에 쓰레기 함부로 버리지 않기, 물건을 소중하게 다루기를 가르쳐준다.	8 자녀들의 흥미를 넓혀주고, 제한하지 않고 무엇이든 체험하게 해준다.

6 가족의 '기쁨', '즐거움' 뿐만 아니라 '화', '슬픔'에 대한 이야기도 듣는다.	3 작은딸에게 유치원에서 있었던 일과 친구와 무엇을 하며 놀았는지 이야기를 듣는다.	7 큰딸과 작은딸의 장래 꿈에 대해서 듣는다.	6 이벤트를 잔뜩 기획한다.	3 일부러 멍청한 척해 웃긴다.	7 이벤트할 때는 진심으로 신나게 논다.
2 큰딸에게 학교에서 있었던 일과 공부에 관한 이야기를 듣는다.	C 이야기 들어주기	4 큰딸이 배우고 있는 바이올린에 관한 이야기를 듣는다.	2 일부러 잘못 들은 척해, 웃기게 되물어 본다.	G 분위기 메이커	4 이상한 표정으로 웃기게 한다.
5 큰딸과 작은딸에게 수영에 관한 이야기를 듣는다.	1 자녀가 잠든 후에 아내와 여유롭게 대화한다.	8 큰딸과 작은딸의 연애 이야기를 듣는다(나의 장래 바람).	5 크게 리액션한다.	1 아저씨 개그	8 언제나 미소 지으며 온화한 표정과 말투로 임한다.
F 돈	C 이야기 들어주기	G 분위기 메이커	6 휴일 외식을 이벤트화	3 계절에 맞는 행사 기획	7 학교·유치원 행사 참가, 그 후 칭찬회의 기획
B 자녀들과 놀아주기	주제 내가 할 수 있는 가족 공헌	D 이벤트 기획	2 당일치기 나들이 계획	D 이벤트 기획	4 생일날 어떻게 보낼지를 계획
E 배움·사회	A 가사	H 사랑하기	5 결혼기념일을 어떻게 보낼지를 계획	1 여행 계획	8 가끔 서프라이즈 기획
6 매일 설거지를 마친 그릇을 수납, 정리한다.	3 쉬는 날에는 욕조 청소를 한다.	7 아내와 자녀들 자전거 유지 관리	6 꾸짖는다.	3 지지한다.	7 허락한다.
2 매일 화장실 청소를 한다.	A 가사	4 쉬는 날에는 사나이 요리를 선사한다.	2 걱정한다.	H 사랑하기	4 공감한다.
5 매일 설거지를 한다, 식기세척기를 돌린다.	1 매일 아침 청소기를 돌린다.	8 세탁에 관해서는 아내를 방해하지 않기 (세탁 방법, 세탁물을 너는 방법이 있으므로)	5 인정한다.	1 믿는다.	8 맡긴다.

제2장. 딱 이것만! 만다라 차트 활용법

B형 차트 활용 사례 ⑦

이 B형 차트를 작성한 사람은 회사원인 나카노(中野) 씨입니다. 주제는 '한눈에 이해하는 경영의 원리 원칙'입니다. 경영에 필요한 사고 방식을 훌륭하게 정리했습니다.

중심 주제 주변에는 '경영의 구조 요인', '경영의 전체상', '란체스터 법칙', '영업의 원칙', '수익성의 원칙', '강자의 전략', '약자의 전략', '고객 대응' 항목이 배치되어 있으며, 모든 칸이 잘 채워져 있습니다.

이처럼 평소 신경 쓰는 것이나 너무 복잡해서 전체적인 그림을 파악하기 어려운 개념을 정리하면, '한눈에' 전체를 바라볼 수 있을 뿐만 아니라 각 항목 간의 상호 관계성도 파악할 수 있습니다. 이것이 바로 만다라 차트가 가진 가장 큰 강점입니다.

6 중장비	3 즉각 대응전	7 확립전
생산기지, 공장, 회사, 직원 수, 자금 조달, 이벤트 시설, M&A 등 회사의 설비 등을 충실하게 한다.	경쟁 상대에게서 신상품이나 새로운 서비스가 출시되면 동일한 품질의 상품·서비스를 즉시 출시한다.	도매업자, 상사, 도매상 등을 이용해 폭넓게 효율적으로 판매한다.
2 종합 1위 주의	**F 강자의 전략**	4 물량전
종합으로 1위를 노린다. 상품의 종류를 늘린다. 여러 브랜드를 만들어 시장을 압도한다.		대량생산, 대량판매를 목표로 삼는다. 시장 규모가 큰 시장을 노린다. 점포, 인원을 대량 투입한다.
5 광역전	1 강자의 전략	8 공중전
지역을 한정 짓지 말고 전국, 전 세계를 대상으로 삼는다. 특히 대도시를 타깃으로 한다.	시장 점유율 26% 이상 확보한 기업이 실행할 수 있는 전략. 강자의 전략을 쓸 수 있는 회사는 0.5%. 약자가 이 전략을 사용하면 실패	TV 광고, 신문 광고, 잡지 광고 등 메인 매체를 이용해 홍보한다.

6 교육	3 전략	7 정보
전략을 이해하고 전술을 실행으로 옮기기 위해 교육하는 시스템	경영의 목표를 합리적으로 빠르게 달성하는 시스템을 만드는 것	고객, 경쟁사의 정보를 정기적으로 수집, 분석한다.
2 목표	**B 경영의 전체상**	4 전술
경영의 목표는 어딘가의 분야에서 1위가 되는 것. 1위가 되기 위해 구체적인 숫자를 명확하게 한다.		전략(시스템)을 실천하는 반복 작업. 구체적 행동.
5 시스템	1 목적	8 혁신
회사의 모든 직원이 전술을 실행할 수 있는 계획서. 업무규정집	경영의 목적은 이익 발생원인 고객 수를 늘리고 유지, 지속하는 것	전략·전술을 PDCA(계획-실행-확인-조치) 사이클로 체크하고 혁신을 꾀한다.

6 소개	3 영업 유리	7 집중
1위 회사가 되면 주변 소개가 많아진다.	지역에 밀착하면 지역 고객이 늘고, 회사의 인지도도 높아져 영업 면에서 유리해진다.	지역 내 동종 업계 종사자가 도산하거나 철수하면 고객들 대부분은 1위 회사로 흘러들어온다.
2 시간 대책	**E 수익성의 원칙**	4 경비 절감
고객과 대화하는 시간, 접촉 시간을 가능한 한 늘린다. 그러기 위해서 이동 시간과 사내 업무 시간을 최소화한다.		특정 지역에 고객을 집중시키면, 이동 시간, 배송비, 수금, AS에 드는 비용이 저렴해진다.
5 동종 업계 종사자 배제	1 지역 밀착	8 1위를 노린다.
지역에 강해지면 동종 업계 종사자가 발을 딛기 어려워진다. 또한 동종 업계 종사자가 자진 철수를 한다.	지역을 좁히고, 지역에 밀착. 그러면 고객에게 재빠른 대응 가능. 고객과의 접촉도가 향상되어, 고객에게 선택받는 회사가 된다.	수익은 시장 점유율의 2승에 비례한다. 수익을 올리려면 시장 점유율 1위를 노린다.

6 시장 점유율 26.1%	3 제1법칙	7 시장 점유율 41.7%	6 경장비	3 차별화	7 1:1전
강자의 조건. 먼저 이 시장 점유율을 목표로 한다. 시장 전체의 30%를 장악한 것과 마찬가지.	1:1 전투 법칙. 공격력=병력수×무기의 성능	다음번 목표 숫자, 시장 점유율 41.7%. 이것만 확보하면 시장의 50%는 장악한 것과 마찬가지.	자사의 물건 등 가능한 한 회사의 설비에 돈을 들이지 않는다.	경쟁 회사와 차별화된 상품·서비스를 제공한다. 부가가치 등으로 차별화를 꾀한다. 자사의 강점을 명확하게 한다.	가능한 소비자에 가까이 다가가 1대 1로 대화를 나누며 판매한다.
2 란체스터 법칙	**C 란체스터 법칙**	4 제2법칙	2 부분 1위 주의	**G 약자의 전략**	4 일점집중
제1차 세계대전에 자극받아 전투 시 가해지는 힘의 관계는 어떤 식으로 결정되는지를 연구. 1914년 경쟁 법칙 발표.		간격전(間隔戰)의 법칙. 공격력=병력수의 제곱×무기의 성능	전체 1위를 목표로 삼지 않고, 전문 분야에 특화하여 1위를 노린다. 상품에 더 공을 들인다.		가장 판매하고 싶은 상품·서비스를 1가지로 좁히고, 지역도 좁히고, 고객층도 좁혀서 판매한다.
5 강자와 약자의 전략	1 란체스터	8 시장 점유율 73.9%	5 국지전	1 약자의 전략	8 접근전
전략은 강자가 사용할 만한 전략과 약자가 사용할 만한 전략이 있다. 사용할 전략을 잘 못 파악하면 실패한다.	프레데릭 란체스터 (Frederick Lanchester) 1868년 10월 28일 영국 출생. 기술자.	최종 목표 숫자, 시장 점유율 73.9%. 이것만 확보하면 실질적으로 100% 장악한 것과 마찬가지.	한정된 지역을 대상으로 삼는다. 대상 지역 이외는 영업하지 않는다. 자사의 상품·서비스로 1위가 될 만한 지역을 결정한다.	강자의 전략을 사용할 수 없는 회사가 쓰는 전략. 전체 중 99.5%를 차지. 대부분의 회사들이 사용하는 전략.	비용이 발생하는 홍보 매체에는 의지하지 않는다. 지역 한정 DM, 입소문, 직접 대화 등을 통해 홍보해 소개를 늘린다.
F 강자의 전략	**C 란체스터 법칙**	**G 약자의 전략**	6 클로징	3 접근	7 계약 & 사후 관리
			안심하고 계약할 수 있는 분위기를 만든다. 안도감, 신뢰감을 준다.	결정자를 만나서 인사한다. 먼저 회사, 개인에게 신뢰받는 것을 목적으로 한다. 인간관계 구축.	계약 체결시, 고객이 기뻐할 만한 연출을 한다. 충실한 사후 관리 체제를 갖춘다. 계약 이후가 진정한 비즈니스의 시작이다.
B 경영의 전체상	**주제 란체스터 법칙 한눈에 이해하는 경영의 원리원칙**	**D 영업의 원칙**	2 기회	**D 영업의 원칙**	5 경청
			고객을 발견하는 수단 (홈페이지, 전시회, 홍보전단, 이벤트, 소개 등)을 명확하게 해서 예상 고객 리스트를 작성한다.		고객이 갖고 있는 진짜 문제점을 파악한다. 해결을 위해 정보를 수집한다. 개인적인 정보도 수집한다.
E 수익성의 원칙	**A 경영의 구조 요인**	**H 고객 대응**	5 프레젠테이션	1 영업 구조	8 소개
			고객의 문제를 해결한다. 회사의 가치를 전한다. 전문성을 어필한다.	신규 고객을 개척하기 위한 시스템을 만든다. 단계마다 구체적인 매뉴얼을 만든다.	고객에게 다른 고객을 소개받는다. 소개할 수 있는 시스템을 마련한다. 소개를 받아야 업무 종료라고 생각한다.
6 조직 대책	3 업계·고객층 대책	7 자금 대책	6 JMG 실천	3 고객 관점	7 감사하는 마음을 표현한다.
효과적인 조직을 만든다. 사람의 배분을 생각한다. 판매 7 : 상품 3	시장 점유율 1위 고객층을 만든다. 타깃을 명확하게 한다.	자기자본비율을 늘린다. 설비 투자를 계속해 원가 절감을 꾀한다.	고객이 J 좋아하고, M 마음에 들어 하고, G 기뻐하는 것이 무엇인지 모든 직원이 생각하고 실행에 옮긴다.	고객에게 어떻게 판매할지 자사 관점. 고객은 어떻게 하면 사고 싶을지 생각하는 건 고객 관점. 항상 고객관점으로.	고객에게 감사하는 마음을 실제로 표현한다. 매번 감사 엽서, FAX, 전화 등을 보낸다.
2 지역 대책	**A 경영의 구조 요인**	4 영업 대책	2 경영의 목적	**H 고객 대응**	4 고객 대응
시장 점유율 1위 지역을 만든다. 가장 중점 지역, 중점 지역, 최대 판매 범위를 결정한다.		영업 시스템을 만든다. 신규 개척 영업방법을 단계별로 명확하게 정리하고, 필요한 툴을 만든다.	경영의 목적은 매출을 올리는 것이 아니라 고객을 유치하고 그 수를 늘리는 것이다.		고객에게 선택받으려고 고객과 직접 만남을 중요하게 생각. 전 직원 차원에서 고객 대응을 생각, 대응 한다.
5 고객 유지 대책	1 상품 대책	8 시간 대책	5 불편 끼치지 않는다.	1 구매 결정권	8 잊히지 않는다.
고객이 계속 유지될 수 있는 시스템을 만든다. 고객이 다른 고객을 소개하는 시스템을 만든다. 팬층을 확보한다.	시장 점유율 1위 상품을 만든다. 중점 상품을 결정. 자원을 집중한다.	사장의 실력=업무 시간의 제곱×질이다. 업무 시간을 확대해 질을 높인다.	고객의 마음에 들기 위해 불편을 끼치거나, 두 번 수고를 끼쳐 부정적인 마음이 들게 하지는 않았는지 체크하며 대응한다.	상품을 살지 말지의 결정권은 100% 고객에게. 고객이 상품을 구입하게 하려면 어떻게 해야 할지를 생각한다.	고객에게 잊히지 않기 위해 정기적으로 방문 혹은 개인 통신, 엽서, 전화 등을 실시한다.

B형 차트 활용 사례 ⑧

이 B형 차트를 작성한 사람은 컨설팅 회사를 운영하는 50대 남성, 히노다(日小田) 씨입니다. 주제는 '잘 팔리는 상담 시나리오 8단계'입니다. 영업사원 대상 상담 롤플레잉*을 진행할 때 세로형 상담 흐름을 활용했지만, 왠지 잘 안 맞는 경우가 많아서 '만다라 차트를 활용해보면 어떨까?' 하는 생각에서 시작했다고 합니다.

중심 주제 주변에는 '준비', '도입', '청취', '긴장 완화', '집중 유도', '개별 제안', '반대 극복', '마무리'로, 상담 진행 과정이 8단계로 나뉘어 배치되어 있습니다. 이 차트를 사용함으로써 상담 단계에 대한 이해가 빨라질 뿐만 아니라, 각 단계에서 발생할 수 있는 대화 내용을 더 쉽게 상상할 수 있는 효과가 있었다고 합니다.

6 가격	3 개별 이점	7 개별 납기
3가지 견적 자사 제품 비교한 것으로 가져가기	경쟁 제품·기존 제품에 비해 뛰어난 점· 신규성·독자성	납기, 납품 단위, 납품 장소
2 개별 특징	**F 개별 제안**	**4 개별 이익**
당신을 위해서 수단, 효능, 성능, 가격, 단위		고객이 얻을 수 있는 경제적인 이익
5 개별 증거	**1 문제 해결책**	**8 테스트 클로징**
고객의 목소리 수량화할 수 있는 증거	제안 준비 서류 전달 방법	올바른 원인을 제시 문제의식을 시험해보기

6 용건 제시하기	3 신뢰·승낙	7 만남 거절
무엇을 왜 어떤 식으로	유사성의 법칙 관찰 눈에 보이지 않는 것	반사적인 거절 사용이 익숙해진 것 새로운 것에 대한 거부 전환 비용
2 그다음 인상	**B 도입**	**4 자기소개**
말투(단어 선택) 글씨 대응 속도		도움이 된다는 마음가짐 신조 프로필
5 회사 소개	**1 첫인상**	**8 전체와 부분을 포착하기**
창업, 이념, 사풍, 철칙, 안정성, 신뢰도	메라비언의 법칙 명함 건네기 영업 복장	전체적인 흐름을 구상한다.

6 도움이 되다.	3 일반 사례	7 단점
일반적인 비교 경쟁 타사 상품과 비교 자사 상품과 비교	해결 사례 성공 사례 실패 사례	자기 객관화 강점과 약점 이해 목표와 현재 상황
2 잠재적인 문제	**E 집중 유도**	**4 예정 상품**
예정된 '부정적인 요소'를 확인		특징(Feature), 이점(Advantage), 이익(Benefit), 증거(Evidence)
5 예정 상품	**1 표면적인 문제**	**8 테스트 클로징**
일반적인 비교 경쟁 타사 상품과 비교 자사 상품과 비교	겉으로 드러난 '부정적인 요소' 확인	도움이 되려고 마음을 다잡기

6 경쟁 확인	3 질문의 종류	7 중심인물 확인	6 관습	3 개인	7 타협점
~라고 물어보신다면 거래처, 경우 없으면 어떻게 할지 배제 대책	오픈, 클로즈드, 셀렉트, 청크 다운, 청크 업, 슬라이드, 포지션 체인지	정보 수집인 의사결정자 지불인	회사로서 거래 그룹으로서 담당자로서	도움이 된다. 인간성 약속을 지킨다.	전환 비용 합의점
2 동기(動機)를 듣는다.	**C 청취**	**4 질문의 6가지 단계**	**2 회사**	**G 반대 극복**	**4 가격**
불편, 불안, 불신, 비경제, 불합리, 불이익		이상, 현상, 만족도, 과제, 해결 이미지, 해결에 필요한 것	판단 신뢰력 체제		희망 가격 현실 가격 경쟁 대책 가격
5 동기 정리	**1 경청**	**8 합의**	**5 제안 내용**	**1 반대 처리**	**8 테스트 클로징**
있을 법한 모습 현재 상태 해결 방법 스케줄	눈으로 본다. 마음으로 듣는다. 생각을 듣는다. 사실을 듣는다.	감정적인 합의 경제적인 합의 이론적인 합의	상품력 AS 부가가치	진정한 거절을 끌어낸다.	지금 거래가 무산된다면, 전환 비용, 해결해야 할 것
F 개별 제안	**C 청취**	**G 반대 극복**	**6 진정한 고민**	**3 공감하기**	**7 YES의 반복**
			사실… 개인적인 생각 회사에 관한 생각 타협점	미소 눈을 바라본다. 메시지	신뢰의 누적 백트래킹(이전 단계로) 사실 전달하기 감정 말하기
B 도입	**주제 잘 팔리는 상담 시나리오 8단계**	**D 긴장 완화**	**2 관찰**	**D 긴장 완화**	**4 개인적인 이야기**
			인지부조화 좋은 부분 눈에 보이지 않는 것		기도뉴 여지가건세일 의식주**
E 집중 유도	**A 준비**	**H 마무리**	**5 업무 이야기**	**1 인연을 돈독히 하기**	**8 거리를 좁힌다.**
			업계 이야기 업적 이야기 조직(사람) 이야기	겉치레에서 본심을 끌어내기 여기서만 하는 이야기 당신에게만 하는 이야기	회사명으로 부른다. 이름으로 부른다. 애칭으로 부른다.
6 목표	**3 현재 상황 분석**	**7 계획**	**6 특징 추구**	**3 인용**	**7 희소, 특별**
최고의 목표 중간 목표 최저 목표	자기 객관화 강점과 약점 이해 목표와 현재 상황	C : 점검 A : 수정 실행 P : 계획 D : 실행	특징을 재차 어필한다.	본인·고객이 구입, 사용한 사례, 잡지에 실린 사례 등을 소개한다.	한정성, 특별한 느낌을 준다.
2 상담 8단계	**A 준비**	**4 고객**	**2 결과 지적**	**H 마무리**	**4 강조**
준비, 도입, 청취, 긴장 완화, 집중 유도, 개별 제안, 반대 극복, 마무리		세계, 지역, 규모, 역사, 사풍, 고객의 고객	상품을 구입한 후의 이점을 전한다.		고객이 마음에 들어 하는 점을 재차 어필한다.
5 상품	**1 영업 이념**	**8 1인 작전회의**	**5 원점 회귀**	**1 비교**	**8 마무리**
트라이(시도), 리피트(반복), 가장 우선적인 목표 지속	영업 이념 영업 목적 영업 목표	자기 객관화 강점과 약점 이해 목표와 현재 상황 차이에 관한 대책	최초의 목적으로 돌아가, 고객의 니즈를 재확인한다.	상품을 2~3종으로 좁힌다.	인연, 연결고리를 전달한다.

* 실제 상황에 직면했을 때 발생 가능한 다양한 고객 상담 시나리오를 가상으로 연습하는 훈련 방식입니다. - 역자 주.
** 기후, 도락, 뉴스, 여행, 지인, 가정, 건강, 세상사, 일, 의식주를 말합니다. - 역자 주.

칼럼

만다라 차트가 탄생한 배경

여기에서는 만다라 차트라는 훌륭한 도구가 탄생한 배경에 관해 이야기하고자 합니다. 만다라 차트는 1979년에 클로버 경영연구소의 창업자인 마쓰무라 야스오 씨에 의해 고안되었습니다.

마쓰무라 씨는 어린 시절, 할아버지와 함께 자주 절에 다녔다고 합니다. 처음에는 불교 자체에 큰 관심이 없었지만, 점차 불교가 지닌 '지혜의 체계'라는 측면에 매료되었다고 합니다.

경영 컨설턴트로서 독립한 마쓰무라 씨는, 지금까지 자신이 배워 온 불교적인 지혜에 기인한 사고방식을 비즈니스에도 응용할 수 있지 않을까 생각하게 되었고, 밀교의 가르침을 시각화한 '만다라 그림(曼陀羅図)'에 주목했습니다.

3×3의 9칸으로 구성된 만다라 그림의 사고방식을 프레임워크로 삼으면, 각종 문제 해결과 목표 달성에 도움이 될 것이라고 확신한 그는 A형 차트와 B형 차트를 개발했습니다. 그리고 만다라 차트를 세상에 널리 알리고자 활동을 개시했습니다.

만다라 차트가 만들어진 초창기에는 주로 경영자나 회사 임원들이 경영 계획이나 사업 계획 등을 수립하는 데 사용하는 수준에 그쳤지만, 곧 다양한 용도로 사용할 수 있다는 사실을 알아차리게 되었지요. 그러면서 점차 각종 비즈니스 분야뿐만 아니라 개인적인 것들에도 응용할 수 있다고 알려지게 되었습니다. 이를 통해 오타니 쇼헤이 선수가 고등학교 시절 목표 달성 시트로 활용하기에 이르렀습니다.

현재는 이 책의 감수자인 마쓰무라 다케시(松村 剛志) 씨가 클로버 경영연구소의 대표이사로서 만다라 차트, 만다라 사고법, 만다라 다이어리를 활용한 컨설팅 사업을 전개하고 있습니다. 또한, 수많은 만다라 차트 인증 강사가 많은 사람의 인생과 비즈니스에 도움을 주고 있습니다.

더 알고 싶다!
만다라의
심오한 세계

만다라 차트에는 만다라 사상이 반영되어 있어서, 다른 프레임워크와는 차별된 도구가 될 수 있었다고 해도 과언이 아닙니다. 이번 장에서는 만다라 차트의 원점인 만다라에 대한 지식을 더 자세히 알아봅시다.

만다라는
인간의 마음을 해명한 그림

 자, 지금까지 만다라 차트를 구체적으로 어떻게 작성하는지를 살펴보았습니다. 하지만 여러분은 만다라에 대해 얼마나 이해하고 계시는가요? 불교에 관심이 많은 사람이 아닌 이상, 만다라를 본 적은 있어도 그것이 무엇을 의미하는지까지는 잘 알지 못할 것입니다.

 여기서는 3×3의 9개의 칸으로 구성된 만다라 차트가 왜 우리의 목표 달성이나 과제 해결에 절대적인 위력을 발휘하는지, 만다라란 본래 무엇인지에 대해 살펴보고자 합니다.

 만다라는 우리 인간의 마음을 해명한 그림이라고 할 수 있습니다. 좀 더 구체적으로 말하자면, 만다라는 우리 마음이 '상호 관계를 통해 성립되고 있다'라는 사실을 밝혀낸 것입니다.

 이를 순서대로 설명해보겠습니다.

 예를 들어, 여기 한 남성이 있다고 가정해봅시다. 이 남성은 아내가 볼 때는 '의지할 수 있는 남편'이고, 어머니가 볼 때는 '귀여운 아들'입니다. 그리고 상사가 볼 때는 '실수 많은 부하 직원'일 수도 있고, 동료들이 볼 때는 '단순히 회사 동료'일지도 모릅니다.

 이처럼 이 세상에 존재하는 어떤 사람도, 그 사람이 관계를 맺고 있는 사람들이 그 사람을 어떻게 바라보는지에 따라 '존재하는 모습'이 변화합니다.

 이것은 사람에게만 해당하는 것이 아닙니다. 이 세상에 존재하는 모든 '사물'에도 적용됩니다. 예를 들어, 여러분이 평소 사용하는 젓가락은 '식사를 위한 필수품'일 수 있지만, 일부 외국인에게는 '그저 나무로 만들어진 막대기'에 불과할지도 모릅니다. 또한, 그 젓가락으로 밥을 먹는 것이 아니라 누군가를 찌르려고 한다면, 곧바로 '흉기'로 변하게 됩니다.

이처럼 사람이든, 사물이든 고정된 관점으로 바라볼 수 없으며, 이것들은 제각각 '다른 사람이나 사물과의 관계 속에서 얼마든지 변한다'라는 법칙 속에 존재하고 있습니다.

다시 말해, '의지할 수 있는 남편'도 '정말 좋아하는 아빠'도 사실은 일종의 환상과 같은 것이라고 할 수 있습니다.

이런 인상은 어떤 사람이 그 남성과의 관계 속에서 그렇게 생각하고 있기에 그렇게 보이는 것일 뿐, 본래는 실체가 없는 사람이나 사물이 다른 존재(대상)와의 관계 속에서 일시적으로 '어떠한 역할'을 지닌 채 나타난 것에 불과하다는 것입니다.

'이 세상에 존재하는 모든 사람과 사물은 본래 실체가 없으며, 다른 존재(대상)와의 관계 속에서만 현실적으로 존재한다.'

이러한 사고방식을 '상호의존의 법칙'이라고 부르며, 불교에서는 이 세상의 모든 것에는 실체가 없다는 것을 가리켜 '공(空)'이라고 부릅니다.

그리고 만다라는 이 상호의존의 법칙 속에서 대상을 어떻게 파악해야 할지 하는 문제를 해결하기 위한 수단으로 탄생한 것입니다. 만다라 차트는 왜 '관계성'에 중점을 두고 있을까요? 그 이유는, 바로 상호의존의 법칙 속에서 대상을 어떻게 파악할 것인지에 초점을 맞춘 구조이기 때문이라고 할 수 있습니다.

또 한 가지, 만다라가 탄생해야 했던 이유가 있습니다. 그것은 '마음의 구조와 기능'을 해명하기 위해서입니다.

우리의 마음은 111페이지의 그림처럼, 바움쿠헨과 같은 4개의 층과 8가지 마음으로 구성되어 있습니다. 가장 바깥에 있는 첫 번째 층은 '감각 기관'입니다.

감각 기관은 이른바 우리의 오감과 같은 것으로, 5가지 마음으로 나 뉩니다. 첫 번째 마음은 '시각', 두 번째 마음은 '청각', 세 번째 마음은 '후각', 네 번째 마음은 '미각', 다섯 번째 마음은 '촉각'입니다.

이 5가지 마음이 외부에서 들어온 정보를 내부로 전달하며, 마음의 두 번째 층에 있는 여섯 번째 마음인 '의식'으로 이러한 정보를 넘깁니 다. 의식은 감각 기관에서 보내진 정보를 이해하는 마음으로, '현존 의 식'이라고도 불립니다. 우리가 평소에 '이 수프 맛있다'라거나 '저 자동 차 멋있다'라는 생각이 들 때, 그것은 감각 기관을 통해 정보를 전달받 은 의식이 이해하고 느끼고 있는 것입니다. 그리고 의식은 자신이 이해 한 내용을 세 번째 층으로 전달합니다.

세 번째 층에 있는 일곱 번째 마음은 '감정'입니다. 감정은 '잠재의식' 이라고도 불리며, 의식에서 인지한 정보를 '좋고 싫음의 감정'으로 판단 합니다. 예를 들어, '저 차가 멋있긴 하지만 비싸 보인다. 내 형편으로는 도저히 살 수 없다. 저런 차를 타고 다니는 녀석은 왠지 마음에 들지 않 아'라는 식으로 생각이 들 때, 이것은 일곱 번째 마음인 '감정'이 그렇게 생각하고 있는 것입니다.

그리고 그보다 더 깊은 곳에 있는 것이 여덟 번째 마음인 '저장의 마 음'입니다. 이곳에는 우리가 태어나서 현재까지의 모든 행동과 말, 사건 등의 기억이 저장되어 있습니다. 말하자면, 기억의 저장고와 같은 장소 이지요. 또한 여기에는 우리들의 부모님, 할아버지, 할머니, 그보다 이 전 조상들의 행위 등도 저장되어 있다고 합니다. 즉, 7가지 마음의 인식 (표상)을 만들어내는 근원이 되는 마음입니다.

이러한 마음의 구조와 기능을 알게 된 여러분들에게 질문입니다. 우 리의 행동은 마음의 어떤 부분에 가장 큰 영향을 받고 있을까요?

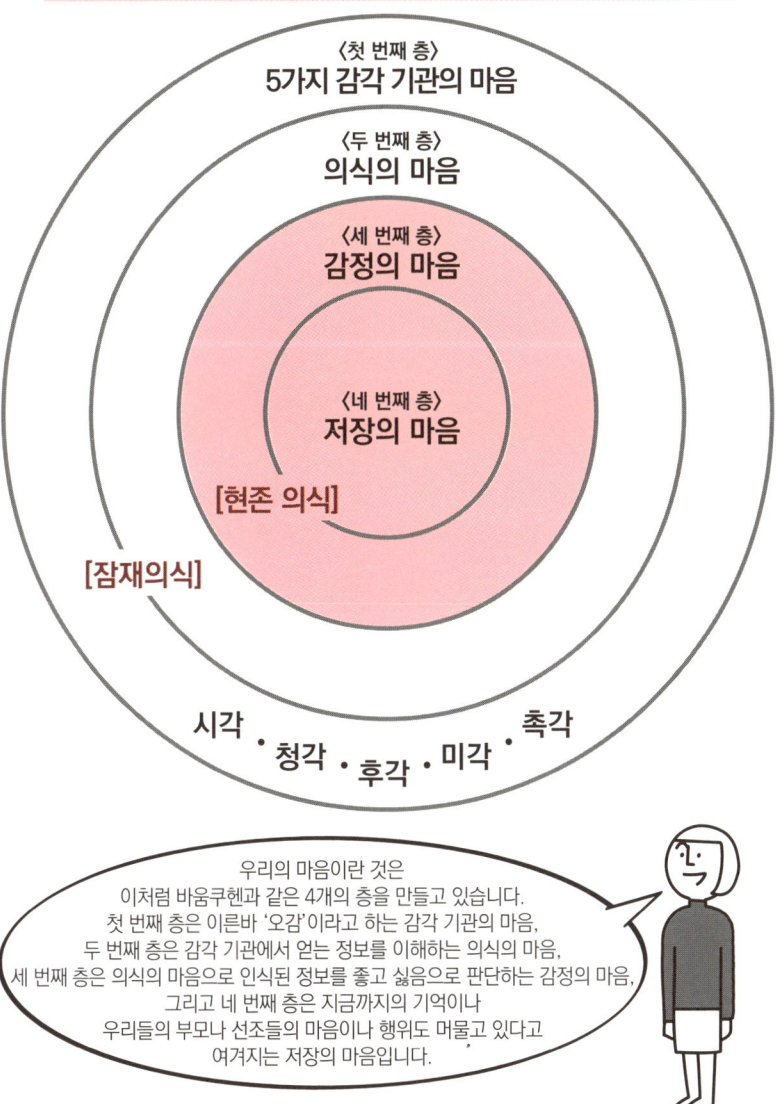

많은 사람은 여섯 번째 마음인 의식(현존 의식)이 이성으로 작용해 우리의 감정을 제어하고 있다고 생각할 것입니다. 인간은 동물과는 달리 이성적으로 스스로를 다스릴 수 있는 존재이기 때문에, 가끔 감정에 휘둘리는 일이 있더라도 기본적으로는 '의식'이 마음의 대부분을 지배하고 있다고 여기는 것이지요. 하지만, 그렇지 않습니다. 사실, 우리 마음의 주도권을 쥐고 있는 것은 일곱 번째 마음인 '감정(잠재의식)'입니다.

예를 들어, 과거에 개에게 물린 적 있다고 해봅시다. 그때의 공포가 저장의 마음에 두려운 기억으로 깊이 새겨지면, 여러분은 나중에 다시 개를 마주했을 때 그 개가 아무리 귀엽고 물 것 같지 않은 강아지일지라도, 감정이 여러분을 지배해 반사적으로 그 개에 대한 두려움을 느끼게 만듭니다. 즉, 감정은 저장의 마음에 보관된 과거의 기억을 살펴보고 참고하면서 의식에게 '두려워하라!'라고 명령을 내리는 지휘관 같은 존재인 것입니다.

감정이 우리의 마음을 지배하고 있다는 소리를 들으면, 일부 사람들은 '나는 항상 감정적으로 행동하지 않는다'라고 반박하고 싶을지도 모릅니다. 물론, 감정은 항상 들끓고 있는 것은 아니며, 평소에는 잠잠히 숨죽이고 있는 경우가 많습니다.

하지만 일단 문제가 발생하면, 우리들은 세상 대부분의 것들을 감정을 통해 보게 되고, 자의적으로 판단하게 됩니다. 자, 여기서 우리의 삶을 되돌아봅시다. 평상시 우리는 대부분 이성적으로 행동하려고 하고 있습니다. 하지만 문제나 갈등이 생기거나 다른 사람과 대립이 발생하면, 이성이라는 필터는 흐려지고 강렬한 감정에 휩싸여 사물의 본질이 보이지 않게 됩니다. 다들 그러한 경험을 해보신 적 있지 않나요?

감정 앞에서 이성은 참으로 무력한 존재입니다.

그리고 만다라는 '당신의 마음(특히 감정)이 세상을 만들어내고 있다'라는 진리를 그림으로 나타낸 것입니다.

만다라는 인간의 뇌와 마음을 연결하는 힘을 지니고 있다

자, 만다라에 대해 조금 더 이야기해보겠습니다.

앞서 우리는 만다라가 무엇을 위해 탄생할 필요가 있었는지를 알아보았습니다.

첫 번째 이유는 이 세상은 실체가 없고, 다른 존재(대상)와의 관계 속에서 그 모습이 바뀌는 상호의존의 법칙에 의해 성립되며, 만다라는 그 구조를 이해하기 위한 그림이라는 점입니다.

두 번째 이유는 우리의 마음은 일곱 번째 마음인 '감정(잠재의식)'이 주도권을 잡고 있는데, 이러한 감정은 우리들이 태어나서부터 지금까지의 모든 기억이 저장되어 있는 저장의 마음과 연결되어 있으며, 여섯 번째 마음인 '의식(현존 의식)'과 '감각 기관'을 지배하고 있다는 것을 누구나 쉽게 이해할 수 있도록 그림으로 표현하기 위해서입니다.

즉, 만다라는 인간의 마음이 가지고 있는 '특성'을 이미지로 표현한 것입니다. 여기서 말하는 특성이란 '이 세상의 모든 것은 실체가 없으며, 다른 존재(대상)와의 관계 속에서 그 모습이 변한다'라는 점, 또한 우리 인간은 감정의 마음에 주도권을 잡힌 상태에서 '이 세상을 자신의 감정이라는 필터를 통해 바라봄으로써 스스로 자신의 세계를 만들어나가고 있다'라는 점입니다.

참고로, 앞서 서술한 바와 같이 '이 세상에 실체가 없다'라는 것을 불교에서는 '공(空)'이라고 부르고 있습니다.

'스스로 자신의 세계를 만들어나가고 있다'라는 점에 대해 조금 더 설명해보겠습니다. 예를 들어, 숲속을 걷고 있는데 눈앞에 뱀처럼 보이는 가늘고 길쭉한 무언가가 땅에 떨어져 있다고 가정해봅시다. 만약 여러분이 뱀을 무서워하는 감정에 지배되고 있다면, 여러분의 마음은 그것을 '뱀'으로 인식할 것입니다. 하지만 자세히 보면 그것이 뱀이 아니라 뱀처럼 보이는 '밧줄'이었다는 것을 알게 되겠지요. 그리고 그 밧줄을 더 자세히 관찰해보면, 그것은 여러 개의 '볏짚'을 엮어 만든 것에 불과하다는 사실을 알게 됩니다.

이것이 바로 '우리의 마음이 세계를 만들어내고 있다'라고 하는 것입니다. 불교에서는 이러한 인간 마음의 특성을 '유식(唯識)'이라고 부릅니다. 이는 '오직 의식만이 존재한다'라는 의미입니다.

뱀, 밧줄, 짚을 사용한 이 비유는 불교에서 유명한 이야기로, 부처님으로부터 3세대 후에 등장한 제자 바수반두(世親)는 '사람이 강이라고 보고 있는 것을, 물고기는 길이나 집이라고 보고 있다'라고 표현했습니다. 같은 세계일지라도 보는 대상이 바뀌면 그 세계는 다르게 보이므로, '우리는 스스로 자신의 세계를 만들어내고 있다'라는 결론에 이르게 됩니다.

만다라가 이러한 구조로 되어 있다는 점을 고려해볼 때, 만다라는 우리에게 매우 의미 있는 메시지를 전해주고 있다는 것을 알 수 있습니다.

먼저 첫 번째 메시지는 이 세상에는 실체가 없으며, 다른 존재와의 관계 속에서 그 모습이 변하기 때문에, '우리의 마음가짐이나 세상을 바라보는 방식이 변하면, 우리가 얻는 결과도 바뀌기 시작한다'라는 점입니다. 그리고 우리의 마음은 일곱 번째 마음인 감정에 의해 지배받고 있으며, 이러한 감정은 저장의 마음과 손을 잡아 우리의 의식에 영향을 미친다는 점입니다. 우리의 '마음가짐'이 어떻게 될지는 감정에 달려 있으며, 이 감정과 저장의 마음 사이의 연결을 끊어내면 마음의 주도권을 의식 쪽으로 되찾아 올 수 있다는 것입니다. 이것이 만다라가 우리에게 전

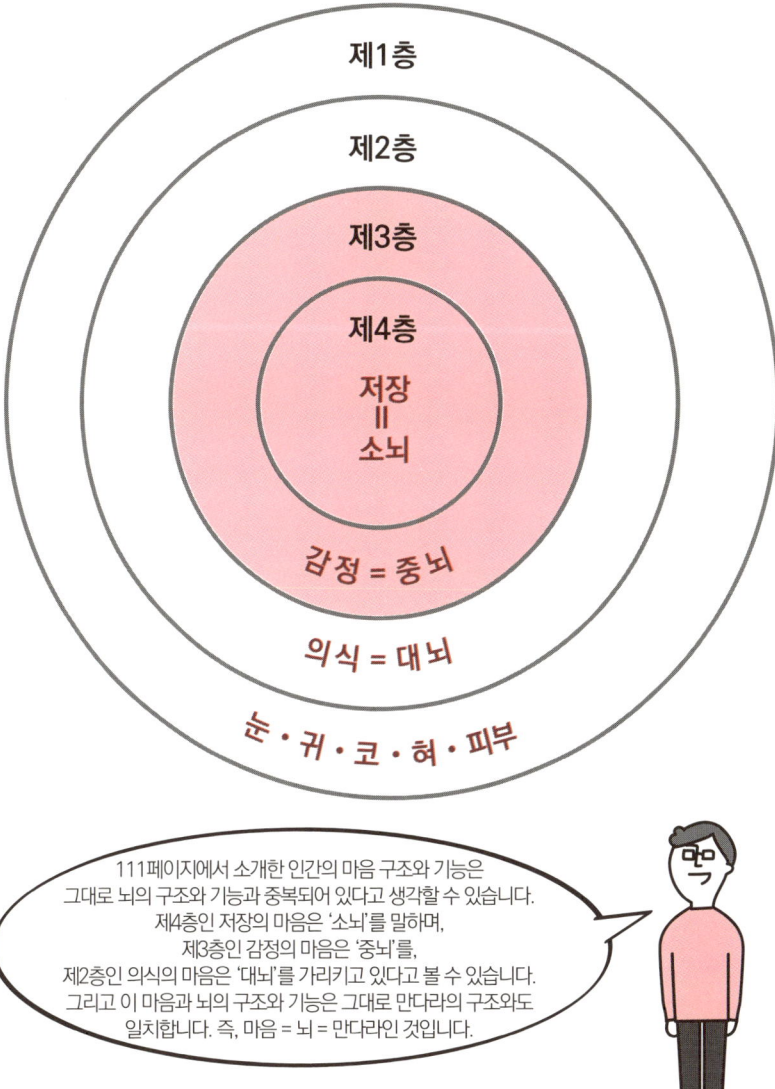

마음의 구조는 뇌의 기능과 연결되어 있다!

제1층
제2층
제3층
제4층
저장 = 소뇌
감정 = 중뇌
의식 = 대뇌
눈·귀·코·혀·피부

111페이지에서 소개한 인간의 마음 구조와 기능은 그대로 뇌의 구조와 기능과 중복되어 있다고 생각할 수 있습니다. 제4층인 저장의 마음은 '소뇌'를 말하며, 제3층인 감정의 마음은 '중뇌'를, 제2층인 의식의 마음은 '대뇌'를 가리키고 있다고 볼 수 있습니다. 그리고 이 마음과 뇌의 구조와 기능은 그대로 만다라의 구조와도 일치합니다. 즉, 마음 = 뇌 = 만다라인 것입니다.

하고 있는 두 번째 메시지입니다.

112페이지에서 소개한 개를 무서워하는 상태에 관한 이야기를 떠올려 봅시다.

여러분이 한 번이라도 개에게 물린 적 있다면, 그 공포에 대한 기억은 저장의 마음에 보관됩니다. 그리고 이 저장의 마음은 일곱 번째 마음인 감정과 연결된 한편, 의식과는 연결되어 있지 않습니다.

그 결과 감정(잠재의식)은 저장의 마음에 보관된 '개에게 물린 공포'를 여섯 번째 마음인 의식(현존의식)을 건너뛰고, 첫 번째부터 다섯 번째 마음에 해당하는 각 감각 기관에 전달하게 되는 것입니다.

이로 인해 여러분이 다음번에 개와 마주쳤을 때, 그 개의 겉모습이 아무리 무해해 보일지라도 손에 식은땀이 나고, 심박수가 올라가는 등 공포에 의한 생리적 반응이 몸에서 일어나게 되는 것입니다.

만약, 이것과는 반대로 우리의 의식이 감정을 지배하고 있다면, 그러한 일은 일어나지 않을 것입니다. 공포의 기억이 저장의 마음에 존재하더라도, 의식이 '아니야, 이 개는 무해해 보이니 두려워할 필요가 없어'라고 명령하면, 당신은 어떠한 공포의 생리적 반응도 일으키지 않을 것입니다.

하지만, 현실은 그렇지 않습니다. 의식상으로는 '무해해 보인다'라고 생각하고 있어도, 몸에서는 어쩔 수 없이 공포에 의한 반응이 일어나게 됩니다. 이것이 바로 우리의 마음입니다. 즉, 감정이 마음 그 자체의 주도권을 쥐고 있는 것이지요.

이와 같은 이유로, 만다라는 감정과 저장의 마음 사이의 결합을 끊어 내고 마음의 주도권을 우리의 의식 쪽으로 되찾아 오기 위한 효과적인 수단이기도 합니다. 그리고 이것이야말로 만다라 차트가 가진 '신비한 힘'의 원천이라고 할 수 있습니다.

만다라는 지금으로부터 약 1200년 전, 불교의 창시자인 부처님으로부터 4대째에 해당하는 밀교의 제자들이 고안한 것입니다. 이처럼 마음의 메커니즘을 기반으로 만들어졌기 때문에, 시대를 초월해 현대를 살아가는 우리들의 사고방식과 행동을 올바른 방향으로 이끌어주는 힘을 지금도 간직하고 있는 것입니다.

또한, 만다라는 인간 마음의 구조와 기능을 설명하고 있는데, 현대 과학에서는 마음과 뇌를 동일한 것이라고 봐도 좋을 증거가 몇 가지 발견되고 있습니다. 즉, 만다라는 우리의 뇌 구조와도 공통된 구조로 되어 있다는 뜻입니다.

미국의 뇌과학자 폴 D. 맥린(Paul D. MacLean)은 1968년에 인간의 뇌는 파충류의 반사 뇌, 구포유류의 정동 뇌, 그리고 신포유류, 즉 인간의 이성 뇌라는 3가지 뇌의 균형 위에 성립되어 있다고 발표했습니다.

파충류의 뇌(악어의 뇌)는 우리의 소뇌에 해당하며, 구포유류의 뇌(돼지의 뇌)는 우리의 중뇌에, 인간(신포유류)의 뇌는 우리의 대뇌에 해당한다고 합니다. 소뇌는 중추신경과 자율신경에 직결되는 본능을 관장하는 부분이며, 중뇌는 대뇌 변연계라고도 불리며 정서와 기억 등을 관장하는 부분입니다. 그리고 대뇌는 대뇌 신피질로 불리며 감각 기관과 이성을 관장하는 부분을 가리킵니다.

이러한 점을 고려해 볼 때, 맥린 박사가 밝혀낸 뇌의 구조와 기능은 만다라가 설명한 마음의 구조와 기능과 매우 유사하다는 것을 알 수 있습니다. 즉, 여섯 번째 마음인 의식은 뇌에서 이성 뇌인 대뇌에 해당하고, 일곱 번째 마음인 감정은 뇌에서 정동 뇌인 중뇌에 해당하며, 여덟 번째 마음인 저장의 마음은 뇌에서 반사 뇌인 소뇌에 해당한다는 것입니다.

이처럼 만다라는 우리의 뇌와 마음의 구조와 기능이 어떤 것인지 해명함과 동시에, 목표 달성과 문제 해결을 위해 필요한 길을 우리에게 제시해주는 빛과 같은 존재라고 할 수 있습니다.

'상호의존'이라는 사고방식이 성공으로 이끈다

우리의 행동에는 기본이 되는 원칙이 있는데, 이는 3가지 유형으로 나뉩니다. 바로 '타인의존(他者依存)', '자기의존(自己依存)', 그리고 '상호의존(相互依存)'입니다.

만다라 차트의 근본에 흐르는 만다라 사고방식, 나아가 그 원류가 되는 불교의 지혜에서는 풍요로운 삶을 살아가기 위해서는 이 상호의존의 법칙을 이해하고 실천하는 것이 중요하다고 봅니다. 하지만 현실에서는 많은 사람이 이 상호의존의 법칙을 이해하지 못한 채 '타인의존', '자기의존'의 상태로 살아가고 있습니다. 여기서는 그 3가지 행동 원칙의 차이를 한 가지 비유를 통해 설명하고자 합니다.

같은 대학을 졸업한 A, B, C 세 사람은 같은 회사에 입사했습니다. 이들 셋은 학력, 체력, 기력은 물론 회사원에게 필요한 기초적인 스킬도 거의 동일한 수준이었지요. 이들은 같은 영업부에 배치되어 동일한 연수를 받은 후, 소속 지역은 다르지만 같은 영업직에 종사하게 되었습니다. 그런데 이 셋은 각자 다른 행동 원칙을 가지고 있었습니다.

먼저, A씨는 '타인의존' 상태였습니다. A씨의 사고방식은 다음과 같습니다.

'상사로부터 받은 지시나 명령은 확실히 수행합니다. 어떤 할당량이 주어지더라도 그것만 확실히 수행하면, 저는 당연히 높은 평가를 받을 수 있을 거예요. 그것이야말로 회사가 저에게 바라는 것이며, 회사원으로서 당연히 수행해야 할 직무이지요.'

한편, B씨는 '자기의존' 상태였습니다. B씨의 사고방식은 다음과 같습니다.

'상사가 부과한 할당량만 충족해서는 목표를 달성할 수 없다고 생각해요. 그래서 저는 상사가 제시한 할당량을 그대로 따를 필요는 없다고 봅니다. 본인의 머리로 생각한 다음에, 목표 달성을 위해 필요하다고 판단한 일을 해야 해요. 그 과정에서 수단과 방법을 가리지 않을 거예요. 때로는 상사의 말을 듣지 않는 편이 더 나을 때도 있고요.'

C씨는 '상호의존'이라는 사고방식을 가지고 있었습니다.

'저도 두 사람처럼 목표를 달성하고 싶지만, 대학 입시와 같은 공부와 실제 사회에서의 업무는 본질적으로 다르다고 생각해요. 업무는 저 말고도 다른 사람들이 함께 관여하기 때문에 절대적인 정답은 없는 것이 아닐까요? 제가 아무리 목표를 달성하고자 하는 마음만 앞세운다고 해도, 상대의 마음을 바꾸지 못하거나, 아무것도 할 수 없는 상황에 부딪힐 수도 있을 거예요. 그래서 저는 목표를 달성하기 위해서라도 일부러 주변 사람들과의 관계를 소중히 하고 싶어요.'

자, 이 세 사람의 생각을 듣고 나서, 여러분은 어떻게 느끼셨나요? 여러분은 이들 중 어떤 사람의 유형에 더 가까운가요? 1년 후 이들은 어떤 결과를 맞이했을까요? 사실 A, B, C 세 사람은 1년 후에 명확하게 희비가 엇갈리는 결과를 맞이하게 되었습니다.

먼저, '타인의존'이라는 사고방식을 가진 A씨는 다른 사람이 요구하는 일을 수동적으로 해낼 뿐이었습니다. 상사의 지시와 명령을 철저히 성실하게 수행하며 열심히 일했지요. 일 처리도 정말 꼼꼼하고 근면 그 자체라는 인상을 줬지만, 1년 후 상사로부터 받은 평가는 '뭐 그럭저럭'이었습니다. 영업 실적 자체도 빈말로도 좋다고 할 수 있는 수준은 아니었고, A씨 본인도 자신의 현재 상황에 불만을 느끼고 있었습니다. 다른 사람이 시키는 일을 수동적으로 처리하는 것만으로는 남들보다 두드러질 수 없었고, '그저 시키는 일만 해내는 사람'이라는 한계를 넘지 못했던 것입니다.

한편, '자기의존'이라는 사고방식을 가진 B씨는 당초 생각대로 '목표 달성을 위해서라면 어떠한 수단과 방법도 가리지 않겠다!'라는 태도로 업무에 매진했습니다. 이러한 태도 덕분에 B씨는 눈부시게 두각을 나타냈고, 영업 실적에서도 다른 사람들을 압도하며 톱의 자리에 올랐습니다. 하지만 목표를 최우선으로 여기는 그녀의 태도는 상사를 비롯한 주변 사람들과의 마찰을 불러왔습니다. 결국, 그녀는 어느새 부서에서 고립되었고, 심지어는 그 독단적인 태도로 인해 고객과 트러블까지 겪게 되었습니다. 이제는 부서에서 그녀를 지지해주는 사람은 단 한 명도 남지 않게 되었지요. 지금까지 목표 달성을 제1의 목적으로 삼고 모든 것을 바쳐왔던 B씨는 결국 정신적·육체적으로 지쳐버렸습니다. 그녀는 '이렇게 열심히 노력하고 있는데, 왜 주변 사람들은 내 가치를 알아주지 않는 거야? 웃기지 말라고!'라며 분노만 키우고 있습니다.

이 두 사람과는 대조적으로, C씨는 공적으로도, 사적으로도 모두 순조롭게 나아가고 있었습니다. C씨는 처음의 생각대로 '다른 사람과의 관계를 우선시하며' 일했습니다. 바로 다음과 같은 태도로 업무에 임했지요.

'고객들은 제각각 다른 개성을 가지고 있고, 절대적으로 올바른 답이란 것은 존재하지 않는다. 그래서 우리의 태도가 변하면 상대방의 태도도 바뀌고, 상대의 태도에 맞춰 우리의 태도를 조정하면, 그 결과 상대방의 태도가 변하는 경우도 있다. 내 고집만 관철할 것이 아니라 상대와의 관계를 좋게 유지하는 것을 최우선으로 하면 무엇이 정답인지 자연히 알게 될 것이다.'

C씨는 항상 상호 관계를 중시하며 업무에 임했기 때문에 시작은 더 뎠지만, 점차 고객과의 신뢰 관계를 쌓아가기 시작했고, 시간이 지나면서 그의 실적은 점차 안정되었습니다. 1년이 지날 무렵에는 회사 안팎으로 그의 주변에는 원만한 인간관계가 형성되었습니다. 상사와 선배들로부터도 높은 평가와 깊은 신뢰를 받게 되었지요. 결과적으로 C씨는 A씨, B씨보다도 더 높은 영업 실적을 달성하는 데 성공했습니다.

이처럼 거의 동일한 능력을 갖추고 있었던 세 사람의 희비는 뚜렷이 엇갈리고 말았습니다. 그 이유는 단 하나뿐이었지요. 바로 그들의 행동 원리가 달랐기 때문입니다.

'타인의존'이라는 사고방식을 가진 A씨는 행동의 원리를 '타인', 즉 다른 사람(존재)에 두고 있었습니다. 다른 사람이 시키는 일을 충실히 해내는 것이 그에게는 정의였으며, 그것만 하면 괜찮을 것이라고 믿었습니다. 그는 영업 실적을 올리는 것이 아니라, 다른 사람의 지시와 명령을 수행하는 것을 자신의 '목표'로 삼고 있었던 것입니다. 타인의존이라는 사고방식을 채택하면, 주로 다른 사람이 정한 틀 안에서만 노력하게 됩니다.

자기의존이라는 사고방식을 가진 B씨는 A씨와는 정반대의 생각을 하고 있었습니다. 다른 사람의 지시나 명령을 충실히 따르기보다는, 다른 사람의 생각이나 의도는 신경 쓰지 않은 채 자신의 목표를 가장 우선시했습니다. 그리고 상사, 선배, 고객 등 주변 사람들의 감정을 무시하며 무리하게 행동했고, 그 결과 그녀는 주변 사람들과의 관계와 신뢰를 모두 잃고 말았습니다.

세 사람 중에서 가장 성공한 사람은 상호의존이라는 사고방식을 가진 C씨였습니다. C씨는 자신 이외의 다른 존재(대상)와의 관계를 원활하게 유지하는 것에 초점을 맞췄습니다. 그래서 초반에는 성과가 잘 오르지 않았지만, 결국에는 원만한 인간관계라는 기반 위에서 남들보다 뛰어난 영업 실적을 달성할 수 있었던 것입니다.

  이처럼 상호의존 법칙에 기반한 '다른 사람과의 관계를 소중히 여기고, 다른 사람과 함께 성공한다는 사고방식'이 결국 우리를 비즈니스에서의 성공뿐만 아니라, 풍요로운 삶으로 이끌어주는 것입니다. 여러분도 부디 이 '상호의존'이라는 사고방식을 채택해보셨으면 합니다.

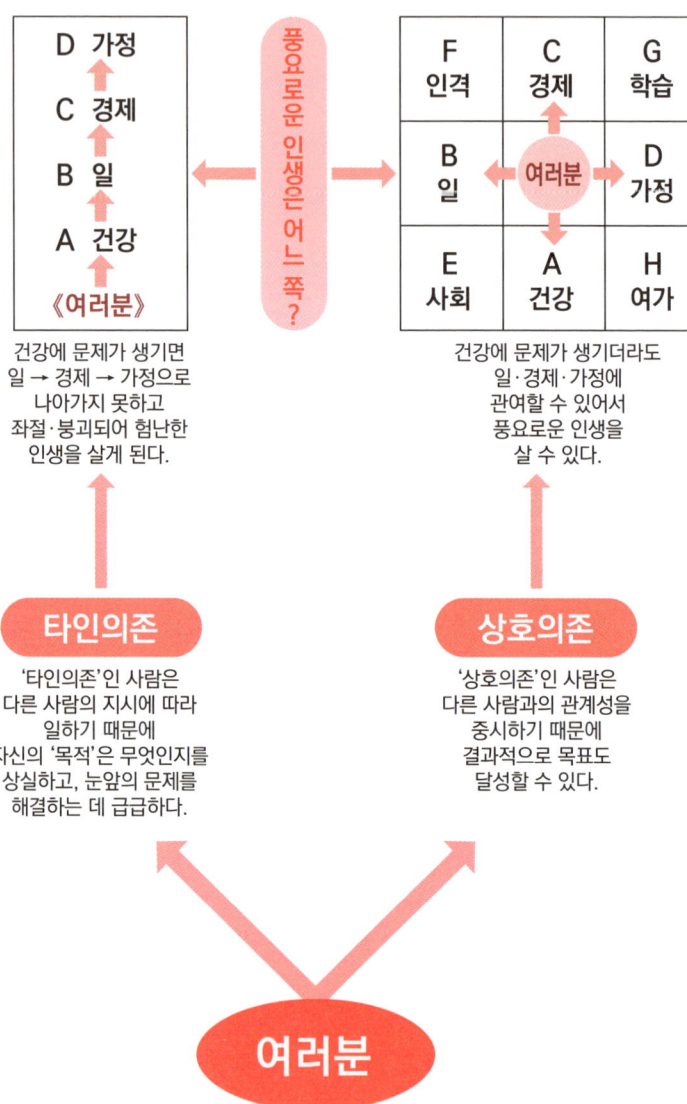

'3×3의 9칸'이 가진 힘

 불교 지혜의 집대성이며, 이 우주의 원리를 2장의 그림으로 표현한 '만다라 그림(曼陀羅圖).' 그 본질을 사고, 발상, 정보 정리, 스케줄 관리에 적용한 것이 '만다라 차트'입니다. 만다라 차트의 가장 큰 특징이라고 할 수 있는 것은 바로 3×3의 9칸으로 이루어진 매트릭스 구조입니다. 이 구조에는 여러분의 상상을 훨씬 뛰어넘는 힘이 숨겨져 있습니다.

 3×3의 9칸은 목표 달성이나 문제 해결, 그리고 제4장에서도 설명하겠지만, 스케줄 관리에도 절대적인 효과를 발휘합니다. 그뿐만 아니라 우리에게 아이디어와 번뜩이는 영감을 가져다주는 힘이 있습니다.

 여기서는 왜 만다라 차트의 매트릭스 구조가 우리에게 영감을 주는지를 살펴보도록 하겠습니다.

 저는 지금까지 수많은 사람으로부터 "만다라 차트를 사용하면 번뜩이는 영감이 떠오릅니다"라는 체험담을 들었습니다. 이전까지 벽에 부딪혀 아무런 생각도 떠오르지 않아 막막했던 사람이, 만다라 차트를 통해 문제를 정리하기 시작한 순간, 뇌가 저절로 답을 알려줬다고 합니다.

 그렇다면 왜 만다라 차트는 이처럼 우리에게 번뜩이는 영감을 가져다주는 것일까요?

 우리가 만다라 차트를 작성하기 전과 후에 뇌의 상태는 무엇이 다른지 생각해봅시다. 만다라 차트를 작성하기 전, 우리의 머릿속은 전혀 체계적이지 않고 정리되지 않은 여러 아이디어가 무질서하게 흩어져 있는 상태입니다. 하지만 만다라 차트에 그 아이디어들을 적기 시작하면,

무질서하고 혼란스러운 상태가 정리되면서 순식간에 구체화하고 명확해집니다.

게다가 만다라 차트를 작성하기 전, 대부분 사람은 목표나 아이디어에 대해 동시 다방면적으로 접근을 할 수 없는 상태입니다. 이 말이 의미하는 것은 무엇일까요? 즉, 머릿속에 다양한 목표나 아이디어가 존재하더라도 그것들을 하나하나 따로 떼어놓고 의식적으로 생각할 뿐, '전체적인 모습'과 '전체와 부분과의 관계'를 제대로 파악하지 못하기 때문에 개별적인 문제나 아이디어를 그때그때 '단편적'으로 생각하는 데 그치는 상태를 말합니다.

하지만 3×3의 9칸 중심에 '주제'를 적고, 그와 관련된 요인들을 주변에 채워나가기 시작하면, 혼란스러웠던 정보가 정리될 뿐만 아니라 중심 주제와 그것과 관련된 요인 간의 '연결성'을 항상 의식할 수 있게 됩니다. 무엇과 무엇이 연결되어 있는지, 무엇과 무엇이 관계를 이루고 서로 어떤 영향을 주고받고 있는지 시각적으로 한눈에 파악할 수 있게 되며, 이러한 관계가 우리의 머릿속에 뚜렷하게 새겨지게 됩니다.

그리고 9칸을 모두 채운 만다라 차트를 바라보면, 중심에서 주변으로의 관계, 주변에서 중심 사이의 관계가 명확히 드러나며, '동시'에 '다방면'적으로 생각할 수 있게 됩니다.

동시·다방면이라고 하면 뭔가 어려운 작업처럼 느껴질 수도 있을 테지요. 하지만, 사실 인간의 뇌는 본래 자연스럽게 동시에 다방면적으로 생각하게 되어 있습니다. 오히려 만다라 차트는 비로소 이러한 인간 뇌의 특성에 적합하게 설계된 첫 방법론이라고 할 수 있습니다. 다시 말해 만다라 차트를 통해 당신의 사고가 표현될 때, 사고가 '원래 있어야 할 상태대로 표현된다'라고도 할 수 있는 것입니다.

게다가 만다라 차트를 사용하면 사고가 끝없이 확장되는 것이 아니라, 3×3의 9칸이라는 틀 안에서 정리될 수 있도록 만들어줍니다. 이로 인해 전체와 부분의 관계를 파악하면서 동시에 다방면적으로 사고할 수 있습니다. 또한, 사고에 일관성이 생겨나기 때문에 '구체적으로 무엇을 하면 좋을지' 확실하게 알게 되고 실제 행동으로 이어지기 쉬워집니다.

이처럼 우리의 뇌 구조에 딱 맞는, 동시·다방면적인 사고가 자연스럽게 이루어지기 때문에, 만다라 차트는 우리가 이전에는 깨닫지 못했던 것을 깨닫게 해주는 '번뜩이는 영감'을 가져다줍니다.

또한, 만다라 차트가 영감을 가져다주는 이유는 이것 말고도 또 있습니다. 여러분은 '세렌디피티(Serendipity)'라는 단어를 들어보신 적이 있을까요? 세렌디피티란 '우연한 발견', '예상치 못한 행운', 또는 그러한 것과 마주하는 능력을 말합니다.

세렌디피티의 예로는, 욕조에 물이 넘치는 것을 보고 왕관의 불순물 유무를 판별할 수 있는 '아르키메데스의 원리'를 발견한 아르키메데스나, 나무에서 사과가 떨어지는 것을 보고 단순히 떨어진 것으로 생각하지 않고 지구가 끌어당겼다고 인식하며 '만유인력'을 발견한 뉴턴 등을 들 수 있습니다.

즉, 세렌디피티란 당신이 오랫동안 추구해왔던 아이디어가 생각지도 못한 우연이 겹쳐 떠오르게 되고, 결과적으로 그 아이디어로 인해 여러분에게 성공과 행운을 가져다주는 것을 의미합니다. 정도의 차이는 있겠지만, 이러한 경험을 해보신 분이 꽤 있을 것입니다.

말하자면, 우리 내면에서 찾아오는 것이 '번뜩이는 영감'이라면, 외부에서 찾아오는 것은 '세렌디피티'라고 할 수 있습니다.

만다라 차트는 이러한 세렌디피티도 점점 더 불러들입니다. 왜 만다라 차트가 세렌디피티를 불러오는 것일까요? 그 이유는 만다라 차트가 지닌 3가지 특성과 관련이 있습니다.

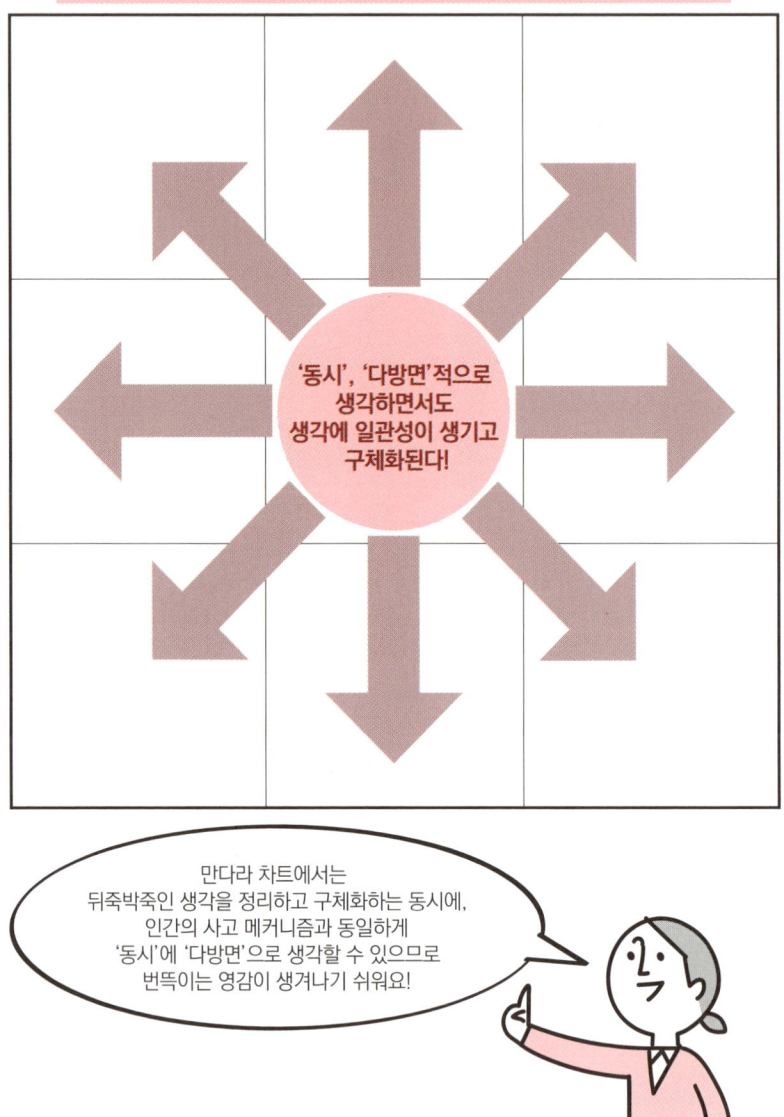

첫 번째, '고정관념을 없애준다.'

만다라 차트를 사용하다 보면, 자연스럽게 상호의존의 법칙을 바탕으로 생각할 수 있게 됩니다. 이는 하나의 사물이 다른 사물과의 관계 속에서 그 '모습'이 변할 수 있다는 사실을 실감할 수 있게 되기 때문입니다. 이러한 과정을 통해, 지금까지 '이것이 정답이다'라고 생각했던 고정관념이 사라지고, 사물이 새로운 모습으로 나타나게 되는 것입니다.

두 번째, '관점을 바꿔준다.'

앞서 언급했듯이 만다라 차트에는 전체를 멀리 내려다보는 '새의 눈', 부분을 들여다보는 '벌레의 눈', 그리고 전체와 부분의 관계성 및 경향(트렌드)을 보는 '물고기의 눈'이라는 3가지 관점이 있습니다. 따라서 만다라 차트를 계속 들여다보면 사물을 다양한 관점에서 보게 되어, 이전에는 알아차리지 못했던 것들을 쉽게 깨달을 수 있게 됩니다.

세 번째, '뇌에 각인된다.'

만다라 차트를 작성하고 반복적으로 살펴보는 과정을 통해 여러분은 자신이 무엇을 원하는지, 어떠한 목표를 어떤 방식으로 달성하고 싶은지, 어떤 문제를 어떻게 해결하고 싶은지를 항상 의식하게 됩니다. 그러면 우리들의 뇌는 그 목표 달성과 문제 해결에 필요한 정보를 '알아차리기' 쉬운 상태가 됩니다. 인간의 뇌는 신경 쓰고 있는 것을 계속해서 찾아내려고 하는 특성이 있기 때문입니다(컬러 배스 효과, 68페이지 참조).

이처럼 만다라 차트는 우리의 내면에서 '번뜩이는 영감'을 만들어내고, 외부로부터 '세렌디피티'를 불러들이는 힘을 가진 도구입니다. 영감이 필요하거나 예상치 못한 행운을 바란다면, 그것들을 바라는 마음으로 만다라 차트를 작성해보시길 바랍니다.

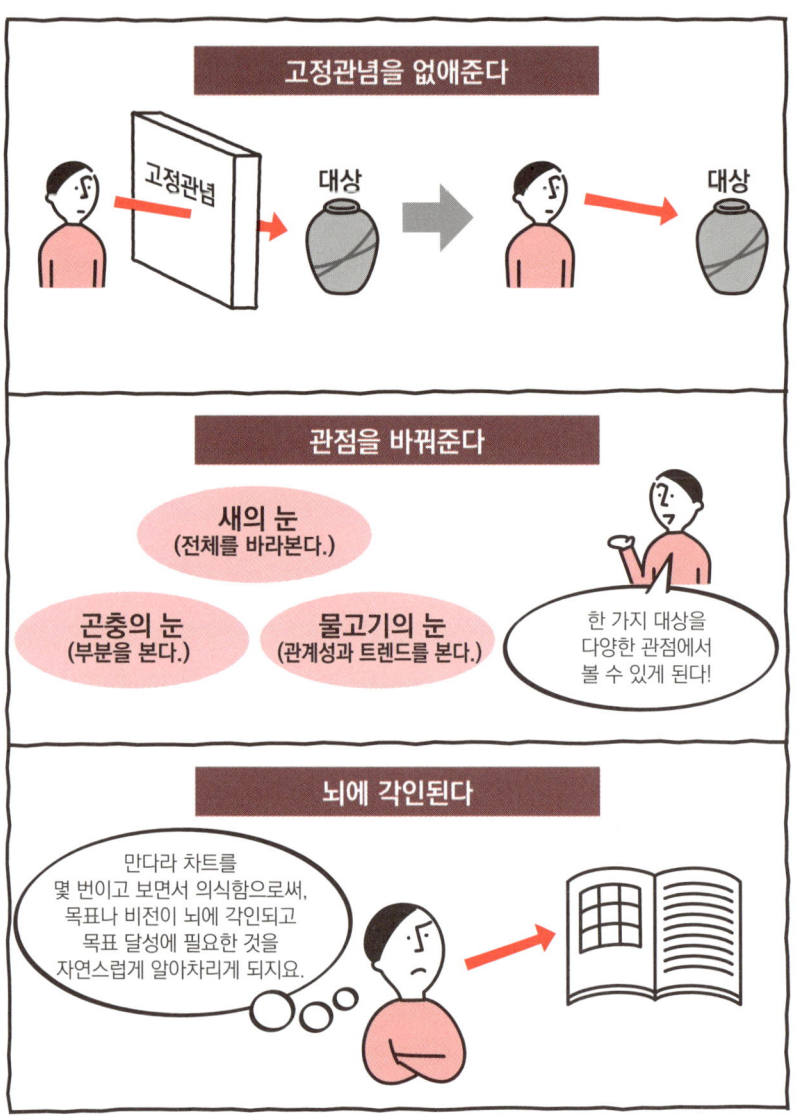

칼럼

동양식 목표 달성 방법에 최적화된 도구

원래, 서양인은 수렵 민족이고 일본인(동양인)은 농경 민족이었다는 것은 잘 알려진 사실입니다. 또한, 서양인은 오랜 세월 동안 일신교(기독교)를 믿어왔지만, 일본인(동양인)은 다신교가 뿌리내린 풍토 속에서 살아왔습니다.

사실, 이러한 차이는 우리들이 목표를 달성하거나 자기 관리를 하는 방식에도 영향을 미치고 있습니다. 서양에서 주류가 되는 목표 달성법이나 자기 관리 방법은 수렵 민족의 특성답게 '한 가지 목표에 집중하는 것'이 요구됩니다.

예를 들어, 월요일에는 월요일의 목표를 설정하고 그것을 달성하며, 화요일에는 화요일의 목표를 설정하고 그것을 달성하는 식으로, 하루하루의 목표를 설정한 다음, 그곳에 모든 자원을 집중하고 하나씩 처리해나가는 방식입니다. 수렵 민족의 특성인 여러 사냥감을 동시에 쫓다가는 모두 놓칠 가능성을 피하려는 습성이 이러한 목표 달성 방식에 잘 반영되어 있다고 할 수 있습니다.

하지만 이 목표 달성 방법에는 큰 단점이 있습니다. 자세한 내용은 제4장에서 설명하겠지만, 인생에는 다음과 같은 8가지 영역이 있습니다. 건강, 일, 경제, 가정, 사회, 인격, 학습, 여가입니다. 이 각각의 영역에 대한 목표를 설정하고 달성하려고 할 때, 서양식 방법을 채택하게 되면 모든 게 어중간해지기 쉽습니다. 왜냐하면, 각 영역의 목표를 산에 비유해보면 이해하기 쉽습니다. 하나의 산을 오르려 하면서 다른 산을 동시에 오를 수 있을까요? 불가능할 테지요. 따라서, 서양식 방법으로는 인생의 다양한 영역을 고르고 충실하게 가꾸는 게 매우 어렵습니다. 반면, 일본인(동양인)과 같은 농경 민족은 수렵 민족과는 달리 여러 목표를 동시에 진행하며 달성하는 데 익숙합니다. 예를 들어, 한쪽 밭에서는 채소를 가꾸고, 다른 논에서는 쌀을 재배하며, 여유 시간이 생기면 또 다른 농작물을 키우는 식입니다. 정보화가 점점 더 가속화되고 있는 현대에서는 이렇듯 '여러 목표를 동시에 달성하려는' 방식이 일본뿐만 아니라 전 세계적으로 요구되고 있습니다.

그리고 이러한 '다중 목표, 다중 행동'을 실현하는 데 딱 맞는 도구가 바로 3×3의 9칸으로 이루어진 만다라 차트입니다.

제4장에서는 만다라 구조를 활용해 목표를 달성하는 방법에 대해 자세히 살펴보도록 하겠습니다.

목표를 이루고, 인생을 풍요롭게 해주는 만다라 사고법

만다라 차트는 문제를 해결하거나 단기적인 목표를 달성할 뿐만 아니라, 인생의 목표를 이루게 해주고, 인생 그 자체를 풍요롭게 하는 데 큰 역할을 합니다. 인생의 목표를 이루고, 인생을 풍요롭게 해주는 '만다라 사고'를 손에 넣읍시다.

만다라 사고의 8가지 원칙 ①
상호의존

이제부터는 만다라 차트의 근본에 흐르는 '만다라 사고'에 대해 깊이 파고들어 보고자 합니다. 만다라 사고에는 8가지 원칙이 있으며, 이는 이후 소개할 만다라 차트의 원리를 스케줄러에 응용한 '만다라 다이어리'의 내용과도 연결됩니다. 여러분이 앞으로 만다라 사고를 다양한 분야에서 활용하고자 한다면, 이 8가지 원칙을 확실히 머릿속에 새겨 두시길 바랍니다.

만다라 사고의 첫 번째 원칙은 지금까지 여러 번 등장했던 '상호의존'입니다. 이것은 이 세상에 존재하는 모든 것은 그 주변에 있는 존재들과의 관계에 따라 그 '모습'이 변한다는 원칙입니다. 옆의 그림을 보시기 바랍니다. 얼핏 보면 단순한 원통형 유리 같아 보입니다. 하지만 그것은 보는 사람에 따라 '컵'이 되기도 하고, '연필꽂이'가 되기도 하며, 심지어 '흉기'가 되기도 합니다. 이는 컵에만 국한된 것이 아니라 모든 사람, 물건, 현상에도 적용되는 이야기입니다.

만약 여러분이 행복하고 풍요로운 삶을 손에 넣기를 간절히 바란다면, 118페이지에서 소개한 '타인의존'도 '자기의존'도 아닌, '상호의존'의 원칙을 삶의 방식으로 채택하시길 바랍니다. 우리가 행복해지기 위해 '이것만 하면 된다'라는 절대적인 원칙은 없습니다. 다른 사람을 우선시해도, 자신을 우선시해도 행복해질 수 없습니다. 그보다는 자신과 다른 사람들과의 관계를 우선시해야 합니다. 그렇게 함으로써 우리는 행복에 더 가까워질 수 있습니다.

제4장. 목표를 이루고, 인생을 풍요롭게 해주는 만다라 사고법

만다라 사고의 8가지 원칙 ②
통합력

만다라 사고의 두 번째 원칙은 '통합력'입니다.

지금까지 만다라 차트를 작성하는 방법을 배워온 여러분이라면, 만다라 차트가 '전체'와 '부분'과의 관계를 동시에 파악하기에 적합한 방법인 것을 알고 계실 것입니다.

통합력이란 이 전체와 부분을 통합하는 것을 의미합니다. 말하자면, 숲과 나무를 동시에 인식하며 보는 것과 같습니다.

전체와 부분과의 관계성을 알지 못하면 어떻게 될까요? 그림에서 보이듯이 우리는 인생이라는 여정에서 '조난'을 당하게 됩니다. 자신이 전체 중 어느 부분에 있는지 알 수 없게 되기 때문입니다. 이는 인생이라는 단위뿐 아니라, 눈앞의 문제를 해결할 때나 무언가 목표를 달성하려고 할 때도 마찬가지입니다.

자신이 전체 프로세스 중 어디에 있는지를 모른다면, 문제 해결도 목표 달성도 기대할 수 없습니다. 먼저 현재 상황을 인식하는 것부터 시작해야 합니다. 그렇지 않으면 계속해서 같은 자리를 맴돌다 끝나고 말 테니까요.

만다라 차트는 전체를 바라보는 '새의 눈', 부분을 보는 '벌레의 눈', 전체와 부분과의 관계를 보는 '물고기의 눈'이라는 3가지 관점으로 사물을 포착할 수 있습니다. 이를 통해 전체와 부분이 머릿속에서 확실히 통합되며, 우리는 자신의 위치를 정확히 파악하고 어느 방향으로 나아가야 할지 명확히 알 수 있게 됩니다.

전체와 부분과의 관계성을 본다

자신의 위치를 잃어버리면 인생 그 자체를 잃어버리게 된다.

만다라 사고의 8가지 원칙 ③
이상적인 모습

만다라 사고의 세 번째 원칙은 '이상적인 모습'입니다.

이상적인 모습의 원칙이란, 목표를 과거의 연장선으로 바라보는 '푸시(Push) 사고'가 아니라, 미래의 이상적인 모습을 목표로 삼아 거기서부터 거꾸로 계산해서 계획을 세우는 '풀(Full) 사고'를 실천하는 원칙을 말합니다.

옆의 그림을 살펴봅시다. 목표를 과거의 연장선으로 본다면, 목표 지점을 향해 무언가를 밀고 나가는 방식이기 때문에 '푸시 사고(밀기 사고)'라고 부릅니다. 반면에 목표를 미래의 이상적인 모습으로 본다면 그 지점에 훅을 걸고 밧줄을 끌어당기는 방식이므로 '풀 사고(당기기 사고)'라고 합니다.

만다라 사고에서는 이 풀 사고가 매우 중요합니다. 이 원칙을 채택하게 되면, 흔히 알려진 PDCA 사이클(계획(Plan)-실행(Do)-평가(Check)-개선(Action))이 아닌, CAPD 사이클로 사고하게 됩니다. 이는 처음에 계획을 세우는 것이 아니라, 먼저 현재 상태를 정확히 인식하고(Check), 현 상태의 진짜 원인을 생각하며(Action), 미래의 '이상적인 모습'이 어떤 모습일지(Plan)를 생각한 다음에, 그 모습에 도달하기 위한 행동을 생각하고 실행하는(Do) 사이클입니다.

이처럼 만다라 사고에서는 항상 이상적인 모습을 출발점으로 삼고, 현재와 이상적인 모습 사이의 간격을 메워가는 사고방식을 채택합니다. 이를 통해 눈앞의 상황에 휘둘리거나 혼란스러워하지 않고, 이상적인 모습을 향해 나아갈 수 있어 자신감 있는 행동을 취할 수 있게 됩니다.

미래의 이상적인 모습을 통해 현재 자신을 본다

이상적인 모습의 위치 설정하기

- ③ 이상적인 모습
- 시장
- ④ 행동
- ② 진짜 원인
- ① 결과의 진실

지금 무엇을 해야 할지?를 생각하는 '풀 사고'

목표를 실현해 나가는 인간의 사고는 반드시 장래에 이상적인 모습을 그리고, 그것을 향해 행동한다.

정상을 향해 훅을!

콰직!

여기에 훅을 박고 로프를 걸어 올라갑니다!

미래의 '이상적인 모습'은 어떤 모습일지를 상상하고, 이를 통해 지금을 보고 목표를 세워나가는 사고방식이 목표를 실현시키는 힘이 훨씬 강하다는 것을 알아두자고요!

제4장. 목표를 이루고, 인생을 풍요롭게 해주는 만다라 사고법

만다라 사고의 8가지 원칙 ④
개발력

만다라 사고의 네 번째 원칙은 '개발력'입니다.

개발력이란 새로운 것을 개발하기 위한 힘을 말합니다. 만약 여러분이 인생과 비즈니스에서 행복과 풍요로움을 추구하고 있다면, 반드시 개발력의 원칙을 실천할 필요가 있습니다. 새로운 영감, 아이디어, 기획 등을 만들어내지 않으면 다른 사람과의 차별화를 꾀하기 어렵기 때문입니다.

만다라 사고에서는 '항상 염원하며 갈고닦는 행위'를 통해 개발력을 익힐 수 있다고 생각합니다. 끊임없이 염원하고 갈고닦아야 그 아이디어가 영감이나 세렌디피티(우연한 행운)가 되어 우리에게 찾아옵니다(125~130페이지 참조). 그 아이디어를 얻기 위해 각종 수단을 강구하고, 온 힘을 다해 행동하는 과정을 통해 머릿속에서 화학 반응이 일어나 영감이 떠오르게 되는 것이지요.

그리고 옆의 그림과 같이 선례나 매뉴얼을 배우는 '상식 실천', 전문 지식을 배우는 '전문 실천', 자력(自力)을 발휘하는 '자력 실천', 평정심을 유지하는 '명상 실천'을 실행하다 보면, 어느 순간 영감이 탁 우리를 찾아오게 됩니다. 이는 불교에서 말하는 '중도(中道)'라는 사고방식에 기반하고 있습니다.

간단히 말해 여러분이 할 수 있는 모든 것을 다 한 후, 마지막으로 마음을 가라앉히고 명상(릴렉스)했을 때, 번뜩이는 영감이 갑작스럽게 찾아온다는 것입니다. 영감을 위해서는 단순히 기다리기만 할 것이 아니라, 우리가 할 수 있는 모든 것을 다 해야 합니다.

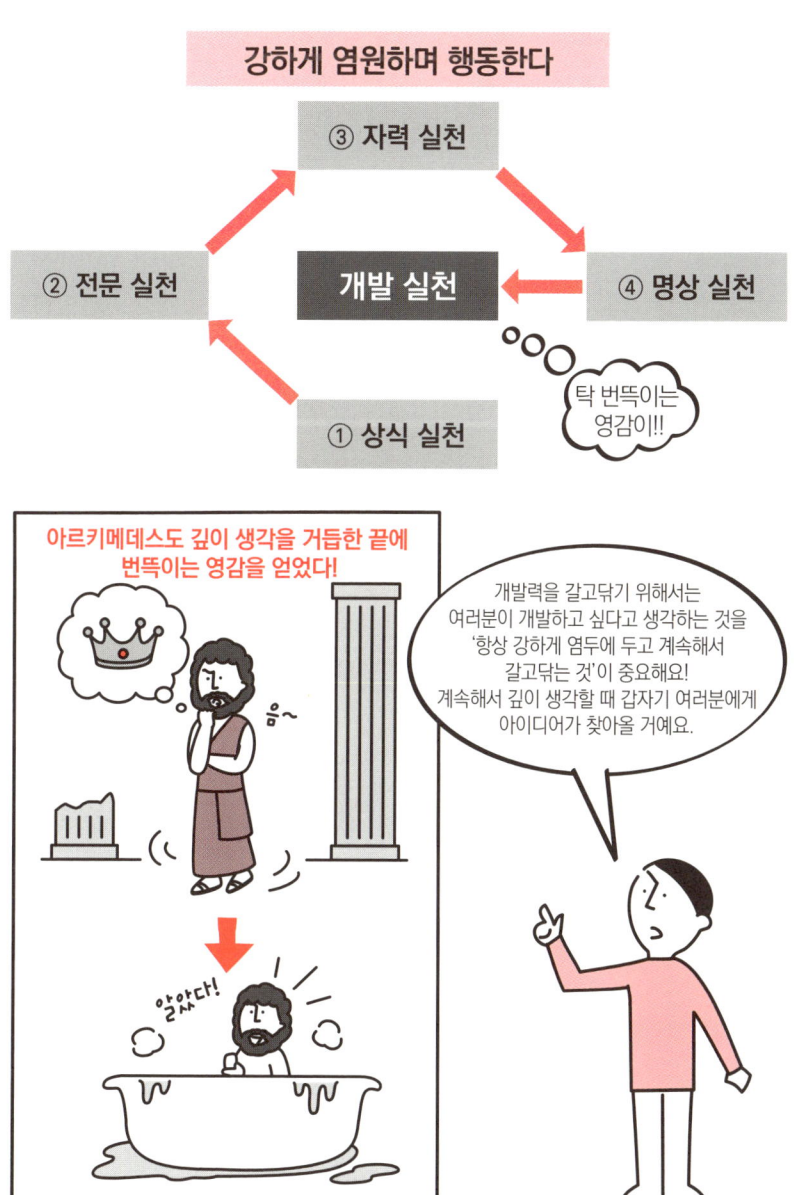

제4장. 목표를 이루고, 인생을 풍요롭게 해주는 만다라 사고법

만다라 사고의 8가지 원칙 ⑤
감사

   만다라 사고의 다섯 번째 원칙은 '감사'입니다.

   만다라 차트의 근본에는 '우리의 마음이 이 세상을 만들고 있다'라는 사고방식이 자리 잡고 있습니다. 이는 불교에서 유래한 개념으로 '유식(唯識)'이라고 불립니다.

   만다라 사고에서는 우리의 환경이 우리의 마음에 의해 만들어지며, 다른 사람들도 이와 마찬가지로 그들의 마음을 통해 그들의 환경을 만들어내고 있다고 생각합니다. 그렇다면 이러한 관계성 속에서 행복하고 풍요로운 상태를 이루기 위해서는 항상 우리의 마음을 다스릴 필요가 있습니다. 왜냐하면 마음이 환경을 만들고, 더 나아가 인생을 만들어내기 때문입니다.

   마음을 다스리는 데 있어서 중요한 것이 바로 이 다섯 번째 원칙인 '감사'입니다. 어떠한 일이든 '○○ 덕분'이라는 마음을 가지고 감사하며 살아갈 때, 우리의 환경은 더욱 감사하고 싶어질 정도로 긍정적으로 변하게 됩니다. 그리고 좋은 상황에서뿐만이 아니라 좋지 않은 상황에서도 감사의 마음을 잃지 않으면 오히려 위기를 극복하는 힘이 될 수 있습니다.

   감사하는 마음을 행동으로 표현하려면, 옆의 그림에 제시된 4가지 행동을 시도해보시길 바랍니다. 이 중에서도 특히 중요한 것은 ④번입니다. 이것은 보답을 바라지 않고, 주변 사람들과 관계 맺는 것을 의미합니다. 보답을 기대하면 진심으로 감사할 수 없게 됩니다. 또한 이로 인해 마음에 혼란이 생기며 그에 상응하는 현실이 만들어질 수 있습니다. 순수하게 감사하는 마음을 잊지 않도록 합시다.

만다라 사고의 8가지 원칙 ⑥
주체성

만다라 사고의 여섯 번째 원칙은 '주체성'입니다.

만다라 사고에서는 이 세상의 모든 것은 다른 사람과의 관계 속에서 그 '모습'이 결정된다고 보는 상호의존의 법칙을 채택하고 있습니다. 이러한 '관계'에 대한 본질을 다른 말로 '인연'이라고 합니다. 예를 들어보겠습니다. 옆의 그림을 살펴봐 주시길 바랍니다. 봄에 씨앗 한 알이 뿌려지고, 어느덧 가을이 되어 그것이 자라 벼 이삭이 되기까지는 정말로 다양한 조건이 필요합니다.

햇빛, 비, 잡초 제거, 비료 등 여러 가지 '관계'가 존재해야만 씨앗이 벼 이삭으로 자랄 수 있지요. 이러한 관계를 가리켜 '인연'이라고 합니다. 씨앗이 벼 이삭이 되려면 좋은 인연이 필요하며, 나쁜 인연만 존재한다면 그 씨앗은 벼 이삭으로 자라지 못할 테지요. 즉, 원인과 결과 사이에는 반드시 좋든, 나쁘든 '인연'이 존재하기 마련입니다.

그리고 주체성의 원칙이란 결과에 대한 원인, 즉 '인연'을 좋게 할지, 나쁘게 할지는 자신에게 달려 있다는 뜻입니다. 좋은 인연을 만든 것도 자신이고, 나쁜 인연을 만든 것도 자신이지요. 그렇다는 것은 자신의 선택에 따라 인연을 바꿀 수 있으므로 자신의 인생은 스스로 만들어나갈 수 있다는 결론에 도달하게 됩니다.

또한, 좋은 인연을 만들기 위해서는 집착하거나 억지로 무언가를 하려는 행동은 절대 금물입니다. 자연스럽고 무심하게 '고집하지 않고', '집착하지 않으며', '치우치지 않는' 마음가짐이 좋은 인연을 만들어줍니다.

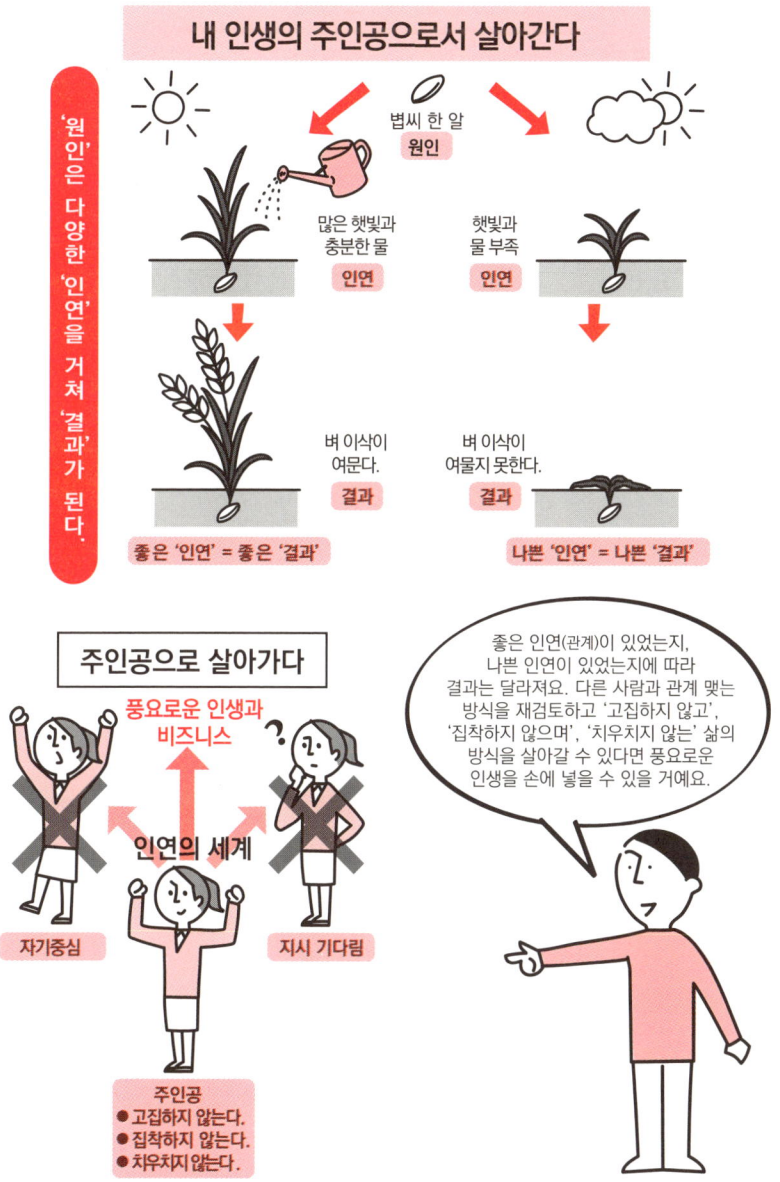

만다라 사고의 8가지 원칙 ⑦
가설 검증

만다라 사고의 일곱 번째 원칙은 '가설 검증'입니다.

여러분이 인생과 비즈니스에서 성공을 이루고자 한다면, 이 '가설 검증' 원칙을 실천해야 합니다. 가설 검증이란, 현재 자신이 이루어낸 '결과 및 실적'과 '목표' 사이의 격차를 인식하고, 그 목표를 실현하기 위한 대책을 세워 실행하며, 끊임없이 자신을 되돌아보는 과정을 말합니다. 즉, 현재 상황과 목표 사이의 격차를 없애려면 어떻게 해야 할지를 지속적으로 시행착오를 겪으며 나아가는 것입니다.

가설 검증을 진행하는 데 있어 중요한 포인트는 2가지입니다. 첫 번째 포인트는 개발력의 원칙에서도 언급했듯이, '실현을 위해 막바지까지 노력을 다하면 번뜩이는 영감이 찾아온다'라는 것입니다. 가설 검증은 끊임없는 시행착오의 연속이기도 하므로 극한에 이르기까지 노력하는 자세가 필요합니다. 두 번째 포인트는 '자신의 욕망을 되돌아보는 것'입니다. 목표를 달성하지 못했을 때, 그 진정한 원인은 옆의 그림처럼 보이지 않는 부분에 숨겨져 있습니다. 그중에서도 가장 깊은 곳에 있는 것이 바로 '자기 뜻대로 하고 싶다는 마음, 즉 아욕[*]'입니다. 이 아욕이 올바른 방향으로 향했는지가 중요합니다.

아욕이 폭주하면 다른 사람에게 책임을 전가하거나, 이해하지 못한 채 행동에 나섭니다. 그러면 목표 실현은 어려워집니다. 아욕이 상호의존의 법칙에 부합하게 사용되었는지 항상 점검합시다.

---

[*] 아욕(我欲)은 자기의 이익만을 탐하는 욕심을 말합니다. - 역자 주.

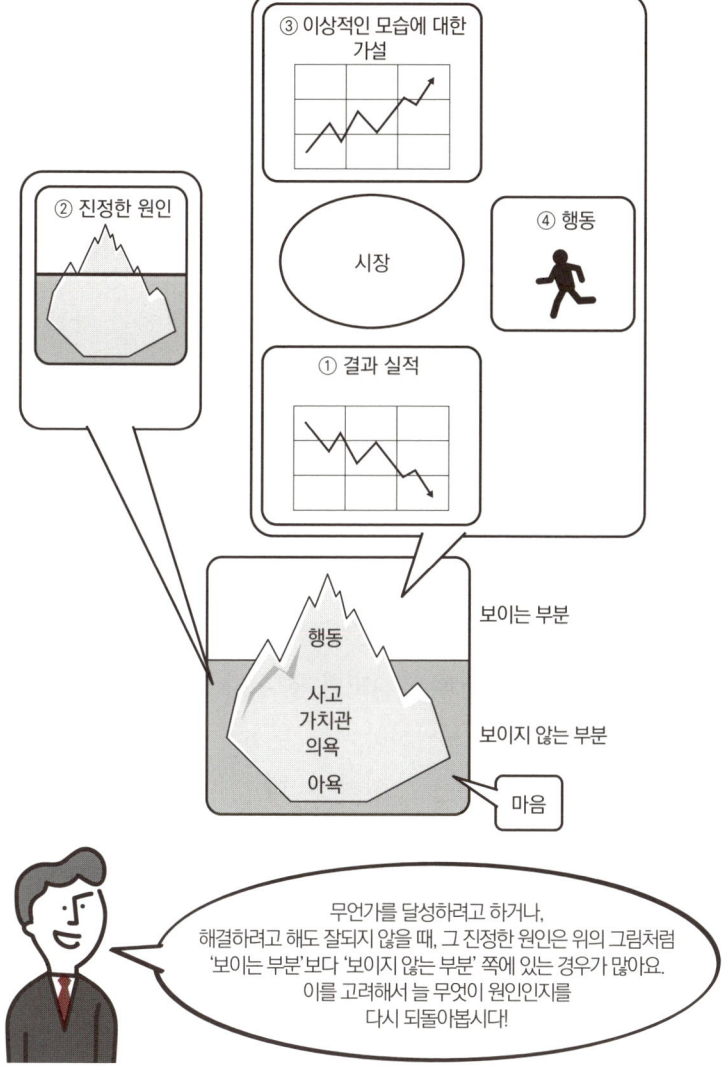

만다라 사고의 8가지 원칙 ⑧
지속적인 개혁

만다라 사고의 여덟 번째 원칙은 '지속적인 개혁'입니다.

여러분이 인생과 비즈니스를 풍요롭게 만드는 데 만다라 사고의 본질을 활용하고자 한다면, 이 마지막 원칙을 실천하는 것이 대단히 중요합니다.

지속적인 개혁이란 만다라 사고의 원칙에 기반한 자기 개혁을 지속적으로 실천해 나가는 것을 의미합니다. 여러분은 '변하지 않기 위해서는 변해야 한다'라는 말을 들어본 적 있으신가요? 세상은 끊임없이 변화하고 있습니다. 이러한 변화 속에서 눈을 감은 채 자신만 변화를 거부한다면 시대에 뒤처질 수밖에 없습니다. 따라서 현재 상태를 유지하기 위해서라도 우리는 시대의 변화에 맞춰 변화해 나갈 필요가 있습니다. 이것이 바로 '변하지 않기 위해서는 변해야 한다'라는 말의 의미입니다.

이 여덟 번째 원칙은 만다라 사고의 첫 번째 원칙부터 일곱 번째 원칙까지를 생활과 업무에 도입하고, 그것을 지속적으로 실천하며, 끊임없이 개혁과 개선을 추구하자는 원칙입니다.

인생에서도, 비즈니스에서도 목표를 세우고 그 목표를 향해 행동하는 것은 그렇게 어려운 일이 아닙니다. 정말로 어려운 것은 그 목표를 달성할 때까지 '지속'하는 것이지요. 하지만 어느 정도까지 계속해서 지속하게 되면, 그것은 우리의 '습관'이 될 것입니다. 만다라 사고의 원칙이 완전히 여러분의 습관이 될 때까지 노력해봅시다.

만다라 사고를 '자기 관리'에 활용한다

지금까지 만다라 사고의 8가지 원칙에 대해 살펴보았습니다.

이 원칙에 따라 목표를 달성하거나 문제를 해결하기 위해서는 '지속적으로' 노력을 계속해야 합니다. 그리고 이를 위해 꼭 필요한 것이 바로 '자기 관리'이지요. 자기 관리라는 말을 들으면 어렵다고 생각하시는 분들이 많을 텐데요. 하지만 목표를 달성하고 꿈을 이루고 싶다면 필수적으로 자기 관리를 해야 합니다.

자기 관리라는 것은 겉보기에는 쉬워 보이지만, 실제로 해보면 매우 어려운 일입니다. 그동안 자기 관리를 잘하지 못했던 사람들은 대개 자기 관리의 필요성에 대해 충분히 이해하지 못했던 경우가 많습니다. 먼저 자기 관리의 필요성에 대해 제대로 이해하고 넘어가 봅시다.

미국의 심리학자 아브라함 매슬로우(Abraham Maslow)가 제창한 '욕구 5단계 이론'에 따르면, 가장 낮은 단계인 1단계 욕구는 '생리적 욕구', 2단계 욕구는 '안전의 욕구', 3단계 욕구는 '사회적 욕구', 4단계 욕구는 '존중의 욕구', 그리고 마지막 5단계 욕구는 '자아실현의 욕구'라고 합니다. 즉, 인간의 욕구 중에서 가장 궁극적인 욕구는 '자아를 실현하고 싶다!'라는 욕구이죠. 자아실현이란 자신이 본래 가지고 있는 재능, 능력, 잠재력을 완전히 실현하는 것을 의미합니다. 다시 말해, 자신이 할 수 있는 모든 것을 실현하고 싶다, 목표, 꿈, 소망도 가능하다면 모두 이루고 싶다는 욕구라고 할 수 있습니다. 여러분의 마음속에도 '내가 가진 재능과 능력을 최대한 발휘하고 싶다! 내가 할 수 있는 것은 전부 해보고 싶다!'라는 욕구가 잠들어 있을 것입니다. 특히, 인생을 더 풍요롭고 행복하게 만들고 싶다고 생각하는 사람이라면 그러한 욕구는 더욱 강할 것입니다.

　이 자아실현의 욕구를 이루기 위해서는 당연히 '자기 관리'가 필요합니다. 왜냐하면 자기 관리를 하지 못하면, 목표를 향해 나아가는 도중에 좌절하거나, 일에 몰두하느라 목표 자체를 잊어버릴 수 있기 때문입니다. 또한 조금씩 목표에 가까워지고 있음에도 불구하고 스스로 이를 실감하지 못하는 일이 생길 수도 있습니다. 따라서 자기 관리 기술을 익히면 우리가 자아실현을 하는 데 큰 도움이 됩니다. 그런데 여러분은 자기 관리에 자신이 있으신가요? 아마도 대부분 사람은 '자신 없다'라고 답할 것 같지만, 자기 관리에 자신이 없더라도 낙담할 필요는 없습니다.

　왜냐하면 인간이라는 존재는 원래부터 자기 관리에 능숙하지 않기 때문입니다. 그 이유는 아래에 예로 든 8가지 장애 때문입니다.

1. 머릿속이 혼란스러워 정리하기 어렵다.
2. 집중해야 할 대상에 쉽게 집중하지 못한다.
3. 뇌를 전체적으로 활용하지 못한다.
4. 문제를 세부적으로 인식하지 못한다.
5. 분산된 개별 정보를 유기적으로 연결하지 못한다.
6. 전체와 부분을 통합적으로 이해하지 못한다.
7. 무엇이 문제인지 명확한 답을 못 내려 구체적인 행동을 못한다.
8. 문제 해결, 목표 달성에 필요한 정보를 '장기기억'으로 저장 못한다.

　여기까지 읽으셨다면 눈치채셨을지도 모릅니다. 그렇습니다. 이 모든 장애는 만다라 차트를 사용하면 해결할 수 있습니다. 자기 관리 기술은 만다라 사고를 바탕으로 실행하면 더 잘 이루어지게 될 것입니다.

만다라 차트를 작성할 때는 'CAPD'로 생각한다

'PDCA' 사이클은 이제 비즈니스맨이라면 모르는 사람이 없을 정도로 보편화되었습니다. 하지만 실제로는 현실적인 문제 해결에 그다지 적합하지 않습니다. PDCA가 문제 해결에 적합하지 않다고 하면 놀라는 분들도 많겠지만, 이것은 사실입니다.

PDCA 사이클이란, P(Plan=계획), D(Do=실행), C(Check=현재 상황 인식·분석), A(Action=개선을 위한 행동)라는 4가지 과정을 통해 문제를 해결하거나 상황을 개선하는 방법입니다.

그런데 이 과정은 실제로는 그다지 현실적이지 않습니다. 현실적인 과정은 'CAPD'라는 순서로 진행해야 한다고 생각합니다. 가장 처음에는 C부터 시작해야 합니다. 왜냐하면 문제가 발생한 상황에서 갑자기 계획을 세우기란 불가능하기 때문입니다. 오히려 그 문제에 대한 현재 상황을 인식하고 분석하는 것이 가장 첫 번째 단계 되어야 합니다. 그 다음, 그 문제의 원인을 생각하면서 즉시 행동으로 전환해야 합니다. 특히, 1분 1초가 시급한 상황이라면 더욱 그렇습니다. 따라서 두 번째 단계는 A가 됩니다. 그런 다음에야 비로소 진정한 원인을 발견한 뒤에 P 단계에 들어서게 됩니다. 그리고 마지막 단계로 문제 해결을 위한 본격적인 행동을 취하는 것입니다.

만다라 차트를 작성할 때도, 이러한 CAPD 순서를 의식해서 작성하면 문제 해결이 훨씬 쉬워질 것입니다.

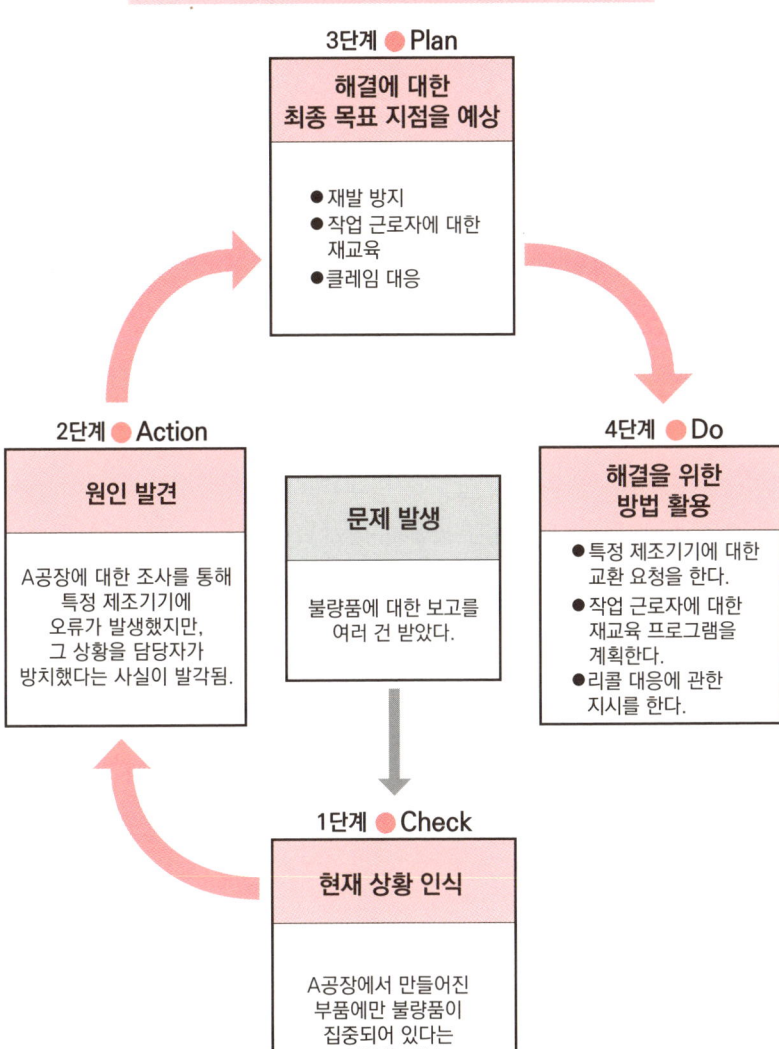

목표는 한 가지로
좁히지 않는 편이 좋다

　인생에서도, 일에서도 목표를 갖는 것은 중요합니다. 하지만 목표는 '가지고 있기만 해서는 의미가 없다'라는 점도 잊어서는 안 됩니다. 종종 '이것을 목표로 삼겠다!'라며 목표를 설정하더라도, 어느새 그것을 잊어버리거나 목표 달성을 위한 행동을 하지 않으면 당연히 목표를 달성할 수 없습니다.

　많은 사람이 이러한 목표 달성을 위해 여러 가지 방법을 시도하고 있습니다. '그림의 떡'이 되지 않도록 마음을 다잡고, 목표를 종이에 적어 방 벽에 붙이거나, 목표 달성 기한을 정하기도 합니다. 또한 장기 목표부터 시작해 중기적, 단기적인 목표, 더 나아가 하루 동안 해야 할 일에 이르기까지 거꾸로 거슬러 올라가며 구체적으로 생각해 보는 경우도 있습니다.

　하지만 그토록 노력해도 목표를 달성하지 못하는 경우가 많습니다.

　왜냐하면 대부분 사람이 '목표를 한 가지로 좁히기 때문'입니다. '목표를 한 가지로 좁히는 게 뭐가 문제인 거지?'라는 아우성이 들리는 것만 같네요. 분명히 우리의 능력, 시간, 자금 등의 자원은 한정되어 있으므로, 이것을 하나의 목표에 집중하는 편이 목표 달성 확률을 높일 수 있다고 생각하시는 분도 많을 것입니다.

　그런데 목표를 한 가지로 좁히는 것에는 큰 단점이 있습니다. 그것은 바로, '그 목표를 달성하지 못하면 나는 행복해질 수 없다'라는 고정관념에 사로잡히기 쉽다는 점입니다.

예를 들어 직장에서 승진에 필요한 자격시험에 합격하는 것을 목표로 삼은 사람이 있다고 해봅시다. 그 사람은 만약 그 자격을 취득하지 못하면 더 이상 승진할 수 없다는 생각에 사로잡혀, 실제로 시험에 불합격했을 경우, 인생을 비관하게 될 가능성이 있습니다. 또한, 한 가지 목표에만 집중하는 사고방식을 가지게 되면, '일이 잘되지 않으면 가정도 잘 돌아가지 않는다'라는 식으로, 자신이 목표로 설정한 일이 잘되지 않으면 연쇄적으로 다른 일도 잘되지 않을 것이라는 불안에 사로잡히기 쉽습니다.

일 이외에도, 무언가를 우선시하고 그 일에만 집중하려고 하면 그것을 달성하지 못했을 때 모든 것이 잘 풀리지 않는다, 나는 행복해질 수 없다며 번아웃 상태에 빠지게 됩니다.

따라서 목표를 갖는 것은 중요하지만, 단 하나의 목표만을 정하고 그 목표를 향해 행동하는 것은 리스크가 있다는 사실을 이해할 필요가 있습니다.

그렇다면, 목표를 달성하면서도 인생의 행복과 풍요로움을 얻으려면 어떻게 해야 할까요? 정답은 바로 '균형'에 있습니다.

일, 가정, 취미, 대인관계 등 인생에 관련된 다양한 분야에 균형 잡힌 목표를 설정하고, 조금씩이라도 좋으니 그 목표들을 꾸준히 실천해 나가는 것이 좋습니다.

이 균형 잡힌 목표 달성에 최적화된 도구가 바로 3×3의 9칸으로 이루어진 만다라 차트를 활용한 목표 달성법입니다. 만다라 차트 중심에 '자기 자신'을 놓고, 그 주변에 다음 페이지에서 설명할 '인생의 8가지 분야'를 설정합니다. 그런 다음 각 분야에 대한 목표를 하나씩 적고 균형 있게 실천해 나가는 것입니다.

이렇게 하면 '일도 가정도 잘 돌아가는' 상태에 더 가까워질 수 있습니다.

인생을 8가지 분야로
나눠서 생각한다

만다라 차트는 단순히 눈앞의 문제를 해결하거나 단기 목표를 달성하는 것뿐만 아니라, 사실 우리의 인생 목표를 이루고, 인생 자체를 더 풍요롭고 충실하게 만드는 데 큰 역할을 합니다. 만다라 차트는 미시적 관점(작은 관점)과 거시적 관점(큰 관점)을 모두 내포하고 있으므로, 크든 작든 어떠한 목표나 꿈이든지 실현시킬 수 있는 뛰어난 도구입니다. 그렇다면, 만다라 차트를 사용해 인생의 목표를 달성하고 인생을 좀 더 풍요롭게 하려면 어떻게 해야 할까요?

먼저 앞서 설명한 것처럼, 인생을 8가지 분야로 나눠 생각해 봅시다.

A. 건강, B. 일, C. 경제, D. 가정, E. 사회, F. 인격, G. 학습, H. 여가입니다. 이 8가지 분야를 중심핵 주변에 적어 넣습니다. 이 중에서 '인격'과 '사회'라는 분야가 다소 이해하기 어려울 수도 있겠네요.

'인격'이라는 분야는 주변 사람들이 나를 어떻게 생각하는지를 나타내는 분야입니다. 예를 들어, '늦잠을 자주 자는 사람'이라는 평을 받고 있다면, 이것은 여러분의 인격과 관련된 문제입니다. 이를 개선할 수 있다면 더 나은 인간관계를 구축할 수 있을지도 모릅니다. '사회'라는 분야는 회사, 지역 사회, 학교, 동아리, 반상회 등에서의 '인간관계와 인맥 형성'을 의미합니다. 이렇게 인생을 8가지 분야로 나눠 생각함으로써, 여러분이 인생에서 무엇을 추구하고 있는지 명확히 알 수 있게 됩니다. 또한, 어떠한 인생을 보내고 싶은지, 어떤 식으로 풍요로운 인생을 만들고 싶은지에 대한 비전이 보이기 시작합니다.

인생을 8가지 분야로 나눠서 생각해본다

F 인격	C 경제	G 학습
여러분의 인격을 향상시키거나 개선하기 위한 계획이나 목표 리스트를 작성해봅시다. 현재 안고 있는 인격상의 문제를 써보는 것도 좋습니다.	여러분의 경제적인 면에 관한 목표나 계획, 예를 들어 저축이나 투자에 관한 내용 등을 리스트에 적어봅시다.	여러분의 업무 관련 혹은 개인적으로 학습하고 싶은 것, 그 목표나 계획을 리스트로 작성해봅시다.
B 일	**올해의 목적·역할**	**D 가정**
여러분의 업무에 관한 1년간의 계획을 여기에 적어봅시다.		여러분의 가정에 대한 이상적인 모습이나 목표로 삼고 싶은 상태를 여기에 적어봅시다.
E 사회	**A 건강**	**H 여가**
친구 만들기, 인맥 만들기 등 인간관계 전반에 대한 목표나 계획을 적어봅시다.	여러분의 건강에 관련된 것, 목표나 기대하는 상태 등을 적어봅시다.	여러분이 개인적으로 즐기고 싶거나 시간을 보내고 싶은 것이라면 뭐든지 좋으니 적어봅시다.

하고 싶은 일을 실현하기 위해
연간 선행 계획을 도입한다

만다라의 기능에 관해 설명한 부분(118~124페이지 참고)에서도 언급했듯이, 이 세상의 모든 것은 '상호의존의 법칙'에 의해 성립하고 있습니다. 상호의존의 법칙이란 모든 것이 다른 존재(대상)와의 관계 속에서 그 모습이 변화한다는 법칙입니다.

이 상호의존의 법칙은 우리 인간과 우리의 일정(계획)과의 관계에서도 큰 영향을 미칩니다. 이게 무슨 뜻이냐 하면, 일정이나 계획을 세우기 때문에 우리의 마음가짐이 변하게 되고, 그 일정이나 계획을 실현하기 위해 행동 지침을 갖게 되며, 스스로 주도권을 발휘할 수 있게 된다는 것입니다. 그리고 그 반대의 경우도 마찬가지입니다. 무언가를 성취하고 싶고, 달성하고 싶으면, 먼저 일정이나 계획을 세우는 것이 중요합니다. 만약 그것을 하지 않으면, 결국 상호의존의 법칙에 따라 아무것도 실현하지 못한 채 시간만 낭비하게 될 수도 있습니다.

지금부터는 만다라 차트의 사고방식을 활용한 일정 및 계획 수립 방법에 관해 소개하도록 하겠습니다.

먼저, 일정과 계획은 중첩 구조(들여쓰기 구조)로 되어 있다는 것을 염두에 두셔야 합니다. 즉, 가장 큰 '인생 계획'이나 '비즈니스 계획' 안에 '연간 계획'이 들어 있으며, 그 안에 '월간 계획'이 들어 있고, 또 그 안에 '주간·일간 계획'이 들어 있는 식의 구조입니다.

그리고 중요한 것은, 일정이나 계획은 '위에서 아래로 정해 나간다'라는 것입니다. 인생 계획을 정했다면, 그것을 연간 계획에 포함시킨 후,

이를 실현하기 위해 월간 계획, 주간 계획 순으로 구체화해 나가는 것입니다. 반대로 말하면, 이렇게 하지 않으면 여러분의 일정은 눈앞의 것만 의식하는 단기적인 일정이 되어버릴 뿐, 큰 목표를 달성하기 위한 일정으로 만들 수 없게 됩니다.

그렇다면 실제로 만다라 차트의 사고방식에 따라 일정을 세워보겠습니다. 먼저 여러분이 인생에서 달성하고 싶은 목표, 이런 인생을 살고 싶다는 '인생 계획'과 비즈니스에서 이런 것을 달성하고 싶다는 '비즈니스 계획'을 그려보시길 바랍니다. 그런 다음 이를 실현하기 위해 1년 동안 반드시 해야 할 일정을 생각해봅니다.

이처럼 인생을 위해 반드시 하고 넘어가야 할 연간 계획을 '연간 선행 계획'이라고 부릅니다. 여기서 '선행(先行)'이라는 단어가 붙는 이유는 미리 일정을 잡아두는 것이기 때문입니다.

연간 선행 계획에는 반드시 업무와 관련된 내용만 들어 있어야 하는 것은 아닙니다. 예를 들어, '매년 반드시 해외여행을 간다'라는 것이 여러분의 인생을 더 풍요롭게 만드는 비전이라면, 이와 같은 개인적인 것들도 연간 선행 계획에 포함해야 합니다.

오히려 연간 선행 계획이라는 개념을 도입하지 않으면, 우리는 '정말 하고 싶은 것'이나 '반드시 이루고 싶은 것'을 아무리 시간이 지나도 실행하지 못한 채 그저 시간만 흘려보내게 될 것입니다. 일단, 일정을 미리 잡아두는 것만으로도 우리의 뇌는 '그것을 실현하기 위해 무엇을 해야 할까?'라고 생각하기 시작하며, 실현하기 위해 활발히 움직이기 시작합니다. 그리고 연간 선행 계획을 세웠다면, 이를 실현하기 위한 '월간 기획 계획'을 세워야 합니다. 이렇게 일정을 위에서 아래로, 점점 더 세부적으로 구체화해 보는 것입니다.

우선 스케줄을 세우면
마음은 그 후에 저절로 따라온다

　인생 계획이나 비즈니스 계획을 연간 선행 계획으로 구체화했다면, 이번에는 이를 확실히 실행하기 위해 '월간 기획 계획'을 세워야 합니다. 월간 기획 계획의 스케줄은 옆의 그림처럼 왼쪽 영역과 오른쪽 영역으로 나뉩니다. 먼저, 왼쪽 영역에는 연간 선행 계획에서 미리 정해둔 일정을 적습니다.

　이렇게 함으로써 더 큰 목표를 달성하기 위한 일정이 여러분의 스케줄에 자연스럽게 포함되게 됩니다. 문제는 이를 확실히 실현하기 위한 '기획'을 세우고 실행하는 것입니다. 월간 기획 계획의 오른쪽 영역에는 인생의 8가지 분야, 즉 만다라 차트의 A~H에 해당하는 항목들이 나열되어 있습니다. 이 8가지 항목에는 여러분이 세운 월간 기획별로 그것을 실행할 날에 체크 표시를 합니다. 그리고 체크한 날의 왼쪽 영역에 일시와 함께 구체적인 일정을 기록해둡니다.

　월간 기획의 자세한 내용에 대해서는 별도의 종이에 적어둡시다. 인생의 8가지 분야에 관련된 기획뿐만 아니라, 전전월이나 전월부터 이어져 내려온 기획이나 그달에 중점적으로 다루어야 할 기획에 대해서도 적어두는 것이 좋습니다.

　이 작업은 가능하면 그달 초에 미리 끝내는 것이 좋습니다. 그 이유는 처음에 일정을 정해두면 상호의존의 법칙에 따라 마음이 그 일정을 실현하려는 방향으로 움직이기 때문입니다. 즉, 우선 스케줄을 세우면 마음은 그 후에 자연스럽게 따라오게 된다는 뜻입니다.

스케줄을 우선 정해두면, 우리의 뇌는 활성화된다!

2월 FEB. 월간 기획 계획
Monthly Schedule — 스케줄 우선이 우리를 활성화한다.

월간 중점 기획: 새로운 기획

날짜	요일	육요	8 · 10 · 12 · 2 · 4 · 6 · 8	A 회의	B 가정	C 학습	D 건강	E 기획	F 방문	G 발모우	H 여가
1	목	선승(先勝)*	독서 A사 방문			✓			✓	✓	
2	금	우인(友引)* 요가	B사→ 견적			✓	✓		✓		
3	토	선부(先負)*									
4	일	불멸(仏滅)*	헬스장→				✓				
5	월	대안(大安) 요가	독서 정기회의 자료 수집	✓		✓	✓	✓			
6	화	적구(赤口)*	〃 기획회의	✓		✓		✓			
7	수	선승 요가	〃 C사→ D사→			✓	✓		✓		
8	목	우인				✓					
9	금	선부 요가	〃 친구들과 술모임			✓	✓				✓
10	토	불멸									
11	일	대안	여행 준비								
12	월	적구	정기회의	✓							
13	화	선승				✓					
14	수	우인	오키나와 여행			✓					
15	목	선부				✓					

연간 선행 계획
⬇
월간 기획 계획

먼저, 연간 스케줄을 '연간 선행 계획'에 적은 다음,
그것들을 우선해서 월간 스케줄을 짭니다.
그리고, 그러한 행동을 월간 단위로 계획·처리하기 위한 기획을
위의 월간 기획 계획의 스케줄에 따라 실행에 옮깁니다.
오른편에 인생의 8가지 분야가 적혀 있기 때문에,
월간 기획의 기획·개발에 관련된 날이나 실행일,
실행 예정일에 먼저 체크하고,
그 일정이 확실히 결정되면
왼쪽 스케줄 칸에 해당 일정을 적습니다.

* 선승은 '센쇼'라고 읽으며, 아침은 길하고 오후는 흉한 날을 의미합니다.
우인은 '토모비키'라고 읽습니다. 승부가 나지 않는 날로, 결혼식 날로는 괜찮지만, 장례식 날로는 피해야 한다고 여겨집니다.
선부는 '센푸'라고 읽으며, 오전은 흉하고 오후는 길한 날을 의미합니다.
불멸은 '부츠메츠'라고 읽으며, 모든 일이 불길하게 여겨지는 날을 의미합니다.
대안은 '타이안'이라고 읽으며, 하루 종일 길한 날로, 결혼식이나 새출발에 좋은 날을 의미합니다.
적구는 '샤코'라고 읽으며, 정오(오전 11시부터 오후 1시)만 길하고, 그 외 시간은 흉한 날을 의미합니다. - 역자 주.

목표는 만다라 사고를 바탕으로 1주 단위로 구체화한다

자, 지금까지 만다라 사고를 바탕으로 한 스케줄을 통해 가장 큰 인생 계획부터 시작해 연간 선행 계획을 작성했고, 그것을 확실히 실행하기 위해 월간 기획 계획이라는 형태도 구체적으로 나타냈습니다. 그다음으로 작성해야 할 것은 주간 행동 계획입니다.

연간 선행 계획과 월간 기획 계획은 이른바 캘린더 형식으로 만들어졌지만, 주간 행동 계획은 3×3의 9칸으로 구성된 A형 만다라 차트와 같은 형식으로 작성합니다. 옆의 그림을 참고해주시길 바랍니다.

중심핵에는 '이번 주의 목표·역할'을 작성하며, 만다라 차트와는 달리 왼쪽 상단부터 날짜를 배치합니다. 각각의 주변 영역에는 시간이 표시되어 있어, 그날 몇 시에 무엇을 할지를 구체적으로 적을 수 있게 되어 있습니다. 또한, 오른쪽 하단 칸에는 '이번 주의 평가·감상·대책'이라는 항목을 배치함으로써, 일주일이 끝난 후에 다시 돌아보거나 소감을 정리하고 대책을 세울 수 있도록 도와줍니다.

중심에는 상위 스케줄과 밀접하게 관련된 '목표'가 있으며, 항상 그것을 의식하면서 일주일 동안 행동하며 시간을 보내게 됩니다. 이를 통해 뇌가 목표를 지속적으로 의식하게 되어, 필요한 정보나 '영감'이 더 잘 떠오를 뿐만 아니라, 여러분이 실시하는 모든 행동이 더 명확하고 구체적으로 변하게 됩니다. 또한, 계획도 일주일 단위로 할 수 있는 만큼, 세분화하기 때문에 중도에 포기하지 않고 지속할 수 있을 것입니다.

일주일 만다라 차트를 통해 실제 행동으로 옮긴다

1월 주간 행동 계획
Activities This Week

결과기호: ✔달성 →진행 중 ✗미룸

15 (월)Mon 선승	16 (화)Tue 우인	17 (수)Wed 선부	MEMO (번뜩이는 영감, 아이디어)
8·10·12·2·4·6·8·	8·10·12·2·4·6·8·	8·10·12·2·4·6·8·	

18 (목)Thu 불멸	●이번 주의 목표·역할 Weekly Objective	결과	19 (금)Fri 적구
8·10·12·2·4·6·8·	1. 2. 3. 4. 5. 6. 7. 8.		8·10·12·2·4·6·8·

20 (토)Sat 선승	21 (일)Sun 우인	◆이번 주의 평가·감상·대책 Review of Weekly Progress
8·10·12·2·4·6·8·	8·10·12·2·4·6·8·	

연간 선행 계획,
월간 기획 계획을 통해 세운 목표와 계획을
일주일 단위로 스케줄에 포함시키고
실제 행동으로 옮겨 봅시다! 목표는 일주일이기 때문에
어느 정도 여유 있게 일정을 잡을 수 있어요.

B형 차트를 활용해
인생의 균형도를 체크한다

　인생은 8가지 분야로 나눠 생각하는 것이 좋다고 했습니다(156페이지). 그런데 사람마다 이 8가지 분야의 균형 상태가 다릅니다. 일에 치우친 사람, 여가에 치우친 사람, 가정에만 몰두한 사람도 있습니다. 균형을 잃은 사람들이 생각보다 많습니다. 하지만 극단적으로 치우친 인생이 과연 행복하고, 풍요로운 인생이라고 할 수 있을까요? 예를 들어 일에서는 크게 성공했지만, 건강을 해치고, 가정에서는 고독한 삶을 산다면 어떨까요? 그것은 진정한 행복과 풍요로움이라고 할 수 없습니다. 사람은 어느 정도 균형 잡힌 삶을 살아야 더 큰 삶의 기쁨을 느낄 수 있어요.

　그래서 B형 차트를 활용해 인생의 '균형도'를 점검할 것을 추천합니다. 먼저 B형 차트에 인생의 8가지 분야를 적어봅시다. 그런 다음 각각의 영역에 4가지 질문을 적고 스스로에게 물어봅니다. 그 질문들은 아래의 5단계로 답변할 수 있어야 합니다.

① 전혀 의식하지 못하고, 전혀 실행하지도 않는다.
② 조금은 의식하고 있으나, 실행하고 있지 않다.
③ 의식하고 있으며, 실행할 예정이다.
④ 의식하고 있으며, 살짝 실행 중이다.
⑤ 의식하고 있으며, 확실히 실행하고 있다.

　이 질문들에 모두 답변했다면, 20점 만점으로 각 영역을 평가합니다. 이렇게 하면 여러분의 인생의 균형도를 명확하게 파악할 수 있습니다.

B형 차트로 인생의 균형도를 체크하자!

6	3 좌우명	7	6	3 단기 계획	7	6	3 능력 향상	7
	1-2-3-4-5			1-2-3-4-5			1-2-3-4-5	
2 존경받는 사람	**F 인격** _점 20점	4 반성과 개선	2 장기 계획	**C 경제** _점 20점	4 꿈·목표	2 인생의 질 향상	**G 학습** _점 20점	4 라이프워크
1-2-3-4-5		1-2-3-4-5	1-2-3-4-5		1-2-3-4-5	1-2-3-4-5		1-2-3-4-5
5	1 인격을 갈고닦는다.	8	5	1 현재 파악	8	5	1 자기 향상	8
	1-2-3-4-5							

6	3 창의적인 아이디어	7	F 인격	C 경제	G 학습	6	3 가족을 위해	7
	1-2-3-4-5						1-2-3-4-5	
2 꿈·목표	**B 일** _점 20점	4 100%의 힘	B 일	인생의 8대 분야 / 자기 평가	D 가정	2 가족과 함께	**D 가정** _점 20점	4 부모님·형제자매
1-2-3-4-5		1-2-3-4-5	E 사회	A 건강	H 여가	1-2-3-4-5		1-2-3-4-5
5	1 즐기다.	8				5	1 가정	8

6	3 지역	7	6	3 생활	7	6	3 미술	7
	1-2-3-4-5			1-2-3-4-5			1-2-3-4-5	
2 인맥	**E 사회** _점 20점	4 조직	2 검진	**A 건강** _점 20점	4 운동	2 음악	**H 여가** _점 20점	4 기타
1-2-3-4-5		1-2-3-4-5	1-2-3-4-5		1-2-3-4-5	1-2-3-4-5		1-2-3-4-5
5	1 친구	8	5	1 치유·치료	8	5	1 스포츠	8
	1-2-3-4-5			1-2-3-4-5			1-2-3-4-5	

이처럼 인생의 8가지 분야를 적은 B형 차트를 작성해봅시다. 각각의 분야에 4가지 '질문'을 적어보면 됩니다. 자신의 인생을 풍요롭게 만들기 위해서 '의식하고 있는지', '실행하고 있는지'를 묻는 것입니다. 그리고 내용을 작성하면서 그것을 5단계로 답하고, 20점 만점으로 평가해주세요. 그러면, 여러분 인생의 균형을 확실히 알 수 있게 될 것입니다

제4장. 목표를 이루고, 인생을 풍요롭게 해주는 만다라 사고법

인생의 균형도를
레이더 차트로 시각화한다

지금까지 진정한 의미에서 행복하고 풍요로운 인생을 살기 위해서는 인생의 균형을 맞추는 것이 중요하다는 이야기를 해왔습니다. 인생의 균형도를 측정하기 위해서는 B형 차트를 사용해 인생의 8가지 분야에 관한 질문에 답해 나가는 것이 좋다는 것도 전달했고요.

그런데 이것보다 더 간단하게 균형도를 확인하는 방법도 있습니다. 바로 B형 차트로 인생의 8가지 분야를 설정한 다음, 각 분야에서 자신이 '하고 싶은 것'이나 실제로 '실천하고 있는 것' 등을 적어보는 것입니다. 그러면 자연스럽게 영역마다 쓰기 쉬운 항목과 쓰기 어려운 항목 간에 차이가 나타나게 될 것입니다. 예를 들어, '일'과 관련된 항목은 쉽게 쓸 수 있지만, '건강'에 관련된 항목에는 아무것도 쓸 것이 없다…라는 식으로 말이지요. 바로 이 차이가 여러분의 인생 균형도라고 할 수 있습니다.

인생의 8가지 분야에 대한 균형도 체크는 가능하면 1년에 한 번은 해보는 편이 좋습니다. 이것을 실시하지 않으면 인생의 편향이 점점 심해져도 그 사실을 깨닫지 못한 채 지내게 되기 때문입니다. 균형도를 체크했다면, 167페이지의 그림처럼 '레이더 차트'로 만들어보시기 바랍니다. 이렇게 하면 우리의 인생 균형도가 시각적으로 드러나게 되어, 어떤 부분이 부족한지, 어떻게 편향되어 있는지를 명확히 알 수 있게 됩니다. 부디, 여러분의 인생을 풍요롭고 충실하게 만들기 위한 힌트로 인생 균형도를 활용해보셨으면 합니다.

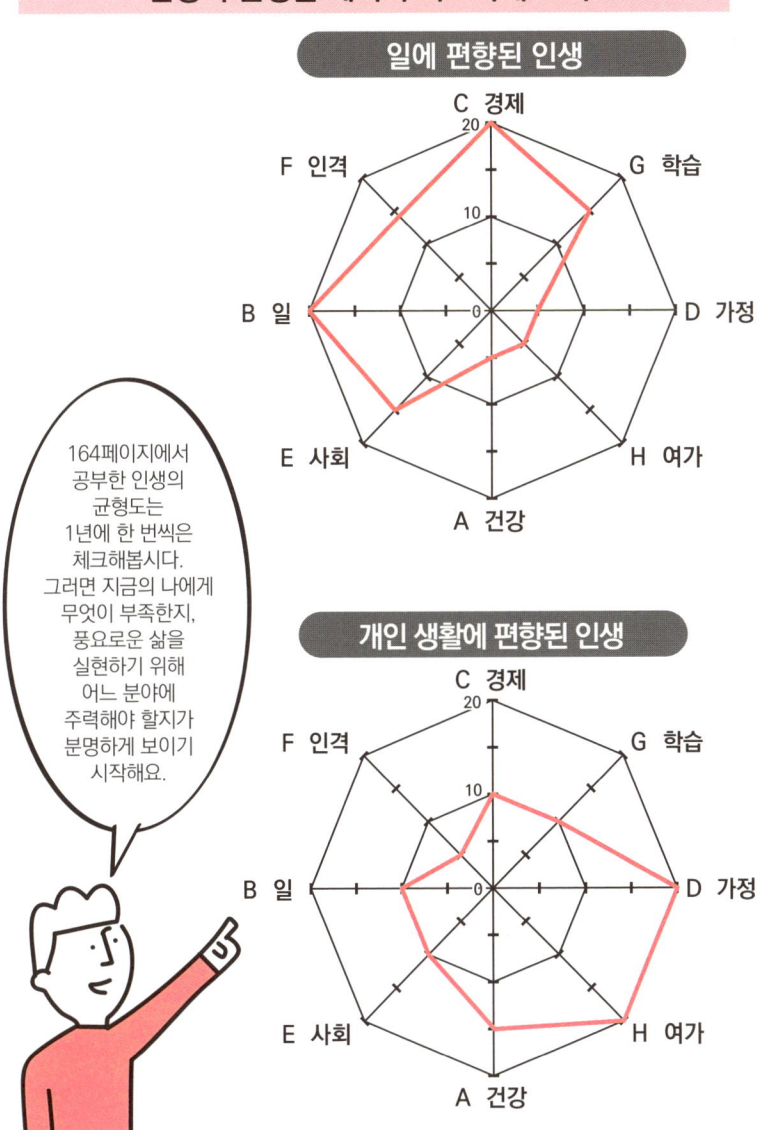

'긴급하지는 않지만 중요한 것'이
인생을 풍요롭게 하는 열쇠

여러분은 169페이지의 그림과 같은 '시간 관리 매트릭스'를 보신 적 있으신가요? 이것은 시간 관리를 하기 위한 사고방식 중 하나로, 자기 행동을 '긴급한지, 긴급하지 않은지'와 '중요한지, 중요하지 않은지'라는 2가지 축으로 조합해 4가지 영역으로 분류한 것입니다.

많은 사람이 제1영역인 '긴급하고 중요한' 일을 우선 처리합니다. 긴급하면서도 중요한 일이니 당연하다고 할 수 있겠지요. 하지만 어떤 사람들은 긴급하지만 중요하지 않은 제3영역의 일에 많은 시간을 소비해 정작 중요한 일을 소홀히 하거나, 긴급하지도 중요하지도 않은 일에 얽매여 헛된 노력을 하기도 합니다.

따라서 자신이 하려고 하는 일을 이 시간 관리 매트릭스에 따라 분류해두면, 제3영역이나 제4영역에 시간을 과도하게 할애하지 않도록 조정할 수 있습니다. 그렇다고 해서 제1영역, 즉 '긴급하고 중요한' 일만 계속한다고 해서 우리의 인생이 더 풍요로워지는 것은 아닙니다. 사실, 우리의 인생이 풍요로워질 수 있는지는 제2영역, 즉 '긴급하지는 않지만 중요한' 일에 달려 있습니다. 이 영역에 해당하는 것은 예를 들어 '자격증 공부', '취미에 몰두하기', '가족과의 시간' 등입니다. 이런 것들을 전혀 하지 않으면 그저 일에만 얽매인 사람이 될 뿐이며, 정신적인 충만감을 얻지 못하고, 다른 사람과의 차별화도 이루기 어렵습니다. 따라서 반드시 제2영역에도 주목해보시길 바랍니다.

모든 것을 긴급도와 중요도로 분류한다

긴급 ←

중요 ↑

제1영역	제2영역
긴급하고 중요	긴급하지는 않지만 중요
↓	↓
번아웃 현상	풍요로운 인생

자신

제3영역	제4영역
긴급하지만 중요하지 않음	긴급하지도 중요하지도 않음
↓	↓
휘둘리는 현상	덧없는 인생

> 이처럼 모든 것을 긴급도와 중요도에 따라 4가지로 분류했을 때, 우리의 인생을 좀 더 풍요롭게 만들기 위해서는 '긴급하지는 않지만 중요'한 것이 무엇인지 파악하고, 그것에 시간과 노력을 들일 필요가 있어요.

제4장. 목표를 이루고, 인생을 풍요롭게 해주는 만다라 사고법

만다라 차트로
인생 100년 계획을 세워보자

　만다라의 이념을 바탕으로 한 사고법에서는 장기적인 '인생 계획'을 세우는 것을 중요하게 여깁니다. 그 이유는 미래의 관점에 서서 현재를 바라보면, 지금 자신이 해야 할 일이 명확히 보이기 시작하고, 자기실현을 향한 발걸음을 내딛기 쉬워지기 때문입니다. 장기적인 인생 계획을 세우고 거기서부터 거슬러 올라가 현재의 자신이 무엇을 해야 할지를 명확히 하는 인생 계획 구축 방법은 지금까지도 많이 개발되어왔습니다. 하지만 그것들 대부분은 '시대'와 '분야'라는 2가지 축만으로 구성된 것이었지요. 예를 들어, 세로축을 태어나서 죽을 때까지라는 시간 구분으로 설정하고, 가로축에 인생의 각 분야를 배치해, 그 분야가 자신이 설정한 목표에 얼마나 가까운지를 파악하는 방식입니다. 하지만 이러한 구조의 인생 계획 구축 방법은 각각의 분야 사이의 '유기적인' 연결과 관계성을 제대로 파악하기 어렵고, 너무 단순해서 현재의 자신이 구체적으로 무엇을 해야 할지가 잘 보이지 않습니다.

　이러한 이유로, 만다라 차트에서는 독자적인 '인생 100년 계획' 구축 방법이 개발되었습니다. 3×3의 9칸을 사용해, 중심에는 '자기 자신'을 배치하고, 주변 영역에는 각각의 연대별 목표나 업적을 적어 넣는 개념의 구축 방법입니다. 이를 통해 각각의 연대가 유기적으로 연결되면서 '각 연대 간의 관계성', '인생의 목적이 어떻게 변해왔는지', '변하지 않는 것은 무엇인지', '현재 해야 할 일은 무엇인지'가 명확히 보이게 됩니다. 또한, 이러한 과정을 통해 뇌가 활성화되어 '과거, 현재, 미래'의 비전이 더 선명하게 보이기 시작합니다.

그러면 바로 B형 차트를 사용해 인생 100년 계획을 세워봅시다. 먼저 중심핵의 정중앙에는 자신의 이름과 생년월일을 적어 넣어봅시다.

그리고 A영역에는 '유년기부터 10대(0~19세)', B영역에는 '20대(20~29세)', C영역에는 '30대(30~39세)', D영역에는 '40대(40~49세)', E영역에는 '50대(50~59세)', F영역에는 '60대(60~69세)', G영역에는 '70대(70~79세)', H영역에는 '80세부터 100세(80~100세)'로 나눠봅시다. 그런 다음 이것들을 중심핵 주변에 가지(브랜치) 형태로 배치하고, 각각의 영역에 인생의 8가지 분야를 배치합니다. 1. 건강, 2. 일, 3. 경제, 4. 가정, 5. 사회, 6. 인격, 7. 학습, 8. 여가. 여기에 대한 작성이 끝났다면, 과거와 현재 부분에는 '실제로 있었던 일'을 기록합니다.

그리고 미래 부분에는 '자신이 어떻게 되고 싶은지'를 써봅시다. 이때 먼저 100세가 되었을 때의 이상적인 자기 모습을 그려본 다음, 거기서부터 거슬러 올라가며 현재의 자신이 어떻게 있어야 할지, 무엇을 해야 할지를 생각해보는 것입니다.

또한, 이 계획표를 작성하는 과정에서 중요한 것은 자신의 '과거'에 대한 해석이 자신의 미래를 형성한다는 점을 이해하고 있어야 한다는 점입니다. 현재 당신이 성공하고 있다면, 과거의 부정적인 사건도 '그 일이 있었기 때문에 지금의 성공이 존재하는 것이다'라고 긍정적으로 해석할 수 있습니다. 과거가 가진 의미는 현재의 자신에 따라 얼마든지 바뀔 수 있다는 것이지요. 그리고 과거를 어떻게 해석하는지가 현재의 자신뿐만 아니라 미래의 자신에게도 영향을 미치게 됩니다. 따라서 과거의 영역에 기록한 내용을 잘 살펴보고, 그것에 대해 어떤 해석을 부여할 것인지 심사숙고해봅시다. 그 과정이 여러분의 인생 100년 계획을 더욱 멋지게 바꿔줄지도 모르니까요.

인생을 풍요롭게 하는
만다라 다이어리

자, 지금까지 만다라 사고에 기반한 스케줄 관리법을 소개해왔는데, 어떠신가요? 분명 직접 해보고 싶다고 생각하는 분도 계실 것입니다.

사실 이 스케줄 관리법을 실행에 옮기기 위한 '만다라 다이어리'라는 것이 존재합니다.

만다라 차트의 개발자인 고(故) 마쓰무라 야스오 선생님이 세우신 주식회사 클로버 경영연구소에서 매년 판매하고 있습니다(클로버 경영연구소의 자사 온라인 상점을 통해 구매할 수 있습니다).

만다라 다이어리는 단순한 스케줄 관리에 그치지 않고, 일과 인생을 동시 다방면으로 풍요롭게 해주는 힘을 갖고 있습니다. 이 다이어리는 크기에 따라 3가지로 구성되어 있으며, 3종류 모두 3×3의 9칸으로 구성된 만다라 차트의 포맷이 적용되었습니다.

이 다이어리는 지금까지 소개했던 인생 계획, 인생의 8가지 분야, 연간 선행 계획, 월간 기획 계획, 주간 행동 계획과 같은 페이지로 구성되어 있어, 앞서 소개한 스케줄 관리법을 바로 실천해볼 수 있습니다. 더불어 옵션으로는 주간 행동 계획의 더 하위 스케줄인 '일일 실천 계획'을 위한 데일리 차트와 9칸을 자유롭게 설정할 수 있는 자유 형식 만다라 차트 다이어리, 탁상형 만다라 차트(A형, B형) 등도 판매되고 있습니다.

일반적인 다이어리나 스마트폰, 태블릿 등을 통한 스케줄 관리도 매우 편리하다고 생각합니다. 하지만, 만다라 사고를 바탕으로 인생의 8대 분야의 균형을 맞출 수 있는 다이어리는 만다라 다이어리만의 특

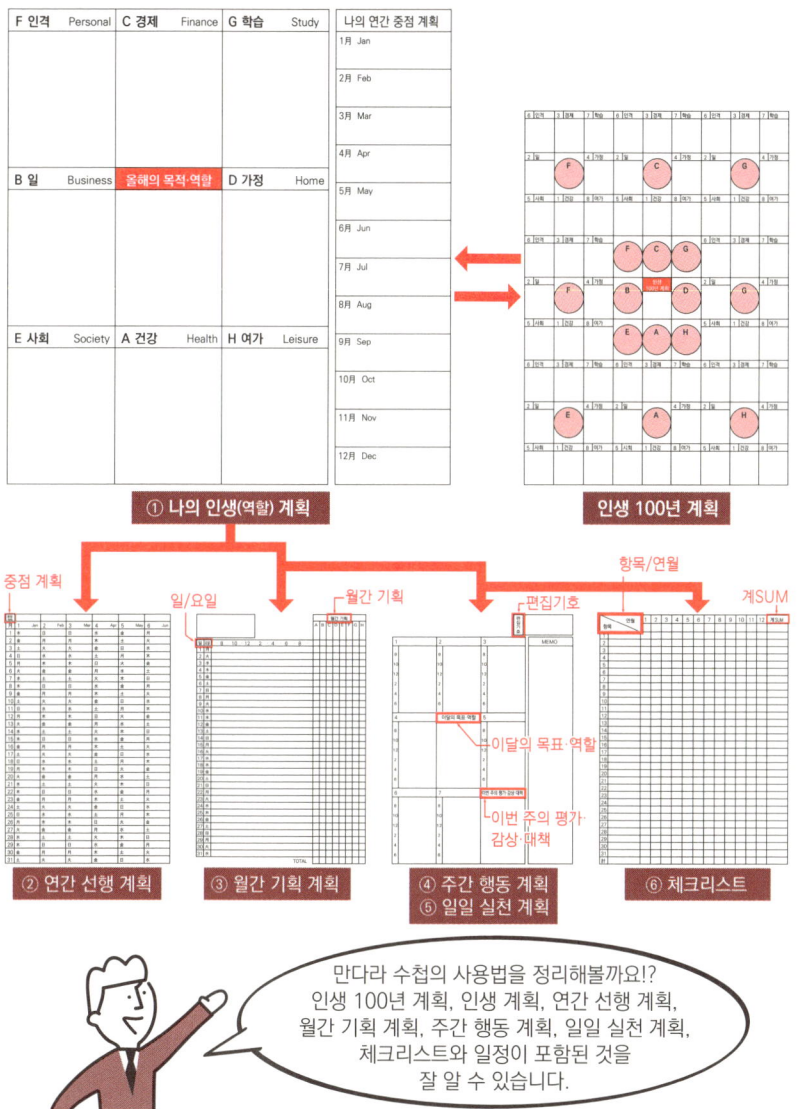

징이기 때문에, 많은 사람이 다른 다이어리와 병행하면서 사용하고 있습니다.

그렇다면 만다라 다이어리를 사용한 스케줄 관리 방법을 여기서 다시 정리해보겠습니다.

만다라 다이어리를 사용할 때는 가장 먼저 '나의 인생(역할) 계획'이라는 페이지에서 '인생 8대 분야'를 작성합니다. 이것을 바탕으로 '연간 선행 계획' 페이지에 1년간의 일정을 세워보세요. 여기서 중요한 점은 미래에 하고 싶은 일을 미리 전부 스케줄에 적어두는 것입니다. 그런 다음 그것을 확실히 실행하기 위해 '월간 기획 계획' 페이지에 월 단위로 해야 할 과제와 준비를 구체적인 스케줄로 작성합니다. 그 후에 '주간 행동 계획'이나 '일일 실천 계획'을 사용해 주 단위, 일 단위로 해야 할 일을 작성하면 됩니다. 이처럼 중첩 구조로 이루어진 스케줄 다이어리를 활용해 '이상적인 미래 모습'에서부터 거슬러 올라가 '지금 무엇을 해야 할지'를 도출하는 것이 만다라 다이어리의 특징입니다.

또한, 만다라 다이어리에는 곳곳에 '돌아보기'를 할 수 있는 포인트가 마련되어 있습니다. 예를 들어, 월간 기획 계획 페이지에서는 매일매일 인생 8대 분야에 대한 돌아보기를 할 수 있고, 주간 행동 계획의 마지막 칸에는 그 주에 대한 평가와 감상을 작성할 수 있습니다. 또한 '체크리스트' 페이지도 마련되어 있어, 자신의 계획과 행동을 검토해, 다음번에 반영할 수 있습니다. 만다라 다이어리는 정말로 워크라이프 밸런스를 유지하는 데 최적의 도구인 셈입니다.

과감하게 기존의 다이어리를 만다라 사고에 기반한 만다라 다이어리로 바꿔봅시다. 그것만으로도 만다라 사고의 에센스가 여러분의 스케줄, 계획, 행동에 영향을 주게 될 것입니다. 또한 이를 통해 여러분의 목표 달성 능력과 문제 해결 능력이 비약적으로 상승하게 될지도 모릅니다.

답하기만 해도
인생과 비즈니스가 풍요로워지는
마법의 질문 만다라 차트

답하기만 해도 마법에 걸린 듯 변화가 일어나는 '마법의 질문.'
이러한 마법의 질문과 만다라 차트를 조합한 것이 '마법의 질문 만다라 차트'입니다. 마법의 질문이 가진 신비한 힘이 더해져 만다라 차트의 효과가 비약적으로 증가할 것입니다.

만다라 차트와
마법의 질문이 결합해 파워 업

　제가 만다라 차트와 만나게 된 것은 지금으로부터 약 20년 전의 일이었습니다. 당시 제가 신세를 지던 분의 소개로 만다라 차트를 개발하신 마쓰무라 야스오 선생님을 알게 되었고, 그분의 스터디 모임에 참가하게 되었습니다.

　그것이 바로 제 인생을 바꾼 만남이 되었습니다. 만다라 차트를 만나기 전의 저는 '마법의 질문'이라는 방법론을 사람들에게 전파하고 있었습니다. 마법의 질문이란 우리 스스로에게 질문을 던짐으로써 마치 마법에 걸린 것처럼 자기 생각이 변하고, 행동으로 이어지는 방법론입니다.

　당시 '질문'을 통해 사람들이 인생을 바꿀 수 있도록 돕는 질문의 프로, 질문가(質問家)로서 활동하고 있었던 저는 '아이디어가 막힐 때가 있다', '너무 많은 아이디어 로 인해 정리가 힘들다'라는 고민이 있었습니다. 그런데 마쓰무라 선생님에게 배운 만다라 차트는 그 2가지 고민을 한 번에 해결해줬습니다. 만다라 차트와 마주하며 작업을 하다 보면, 비즈니스 아이디어가 샘솟듯 떠오르고, 해야 할 일이 명확하게 정리되며, 심지어 하고 싶은 일까지 새롭게 발견하게 되었지요.

　'이 도구 정말 대단하잖아!'라며 크게 감동한 저는 친구들에게도 만다라 차트를 나눠주고 프레젠테이션까지 하면서 적극 추천했지요. 하지만 의외의 일이 벌어졌습니다. 친구 중 단 한 명도 제대로 사용하지 않았던 것입니다. 왜 사용하지 않는지 물어보았더니, 돌아온 답변은 이러했습니다.

"빈칸이 9개나 되는데, 도대체 무엇을 적어야 할지 잘 모르겠어."

친구들은 빈칸에 무엇을 적어야 할지 몰라서 막막해하고 있었던 것입니다. 저는 그 답변에 충격을 받았습니다. '나는 만다라 차트와 마주하면 자연스럽게 단어가 떠오르는데, 친구들은 떠오르지 않다니. 이 차이는 무엇일까?' 진지하게 고민한 끝에 그 답을 찾을 수 있었습니다.

저는 만다라 차트를 작성할 때, 항상 스스로에게 질문을 던지며 작성하고 있었던 것입니다. 이 사실을 깨달은 순간, 제 머릿속에 번뜩이는 아이디어가 떠올랐습니다. 만다라 차트와 내가 전파하고 있는 '마법의 질문'을 결합해보는 것은 어떨까?

만다라 차트 9칸에 각각 마법의 질문을 미리 적어두면, 내가 그러했듯이 스스로에게 자연스럽게 질문을 던지게 되고, 그렇게 하면 누구나 자연스럽게 9칸을 채울 수 있지 않을까? 라고 생각하게 된 것입니다.

이렇게 해서 탄생한 것이 바로 '마법의 질문 만다라 차트'입니다. 마법의 질문 만다라 차트는 많은 사람이 답해보면 좋을 만한 주제를 정하고, 그 주제에 맞는 8가지 질문을 미리 준비해뒀습니다. 그러면 그 질문에 답해 나가는 것만으로도 9칸이 자연스럽게 채워지는 구조로 되어 있습니다. 이때 중요한 포인트는 '질문에 답하는 순서'입니다. 어떤 순서로 답해야 더 큰 효과를 끌어낼 수 있을지 연구를 거듭한 끝에 분야별로 여러 종류의 마법의 질문 만다라 차트를 개발하게 되었습니다. 이 차트는 이 책의 부록 노트에도 수록되어 있습니다.

저는 마법의 질문과 만다라 차트가 결합함으로써 만다라 차트의 놀라운 힘을 누구나 쉽게 이끌어낼 수 있게 되었다고 생각합니다. 이러한 마법의 질문은 만다라 차트를 작성할 때 우리의 '코치'가 되어줍니다. 여러분도 반드시 활용해보시길 바랍니다.

도대체
'마법의 질문'이란 무엇일까?

　제가 만다라 차트와 결합시킨 '마법의 질문'이 어떤 것인지 잘 모르는 분들도 있을 것 같아 마법의 질문에 관해 설명하고자 합니다.
　대학 졸업 후 바로 창업에 도전했던 저는 당시 미숙했던 탓인지 사업이 잘 풀리지 않았고, 결국 사장 자리에서도 쫓겨나고 말았습니다. '마법의 질문'을 떠올리게 된 것은 제가 이런 좌절을 겪은 후의 일이었지요.
　앞으로 어떻게 해야 할지 알 수 없어 막막했던 저는 스스로에게 '무엇을 하고 싶어?(What?)'라고 질문을 던졌습니다. 그리고 이어서 '정말 하고 싶은 거야?(Are you sure?)'라고 물어보았지만, 제 안에서는 부정적인 대답만 나왔습니다. 그래도 '왜?(Why?)'라고 다시 자문하며 첫 번째와 두 번째 질문을 반복해서 자신에게 던지다 보니, 점점 하고 싶은 일이 보이기 시작했습니다.
　그 후에 '그래서?(What do you want?)'라고 스스로에게 물어보았더니, 그 목표를 달성한 후의 제 모습과 진정으로 하고 싶은 일이 명확해졌습니다. 마지막으로 '어떻게 해야 할까?(How?)'라고 질문하자, 제가 해야 할 일이 구체적으로 보이기 시작했습니다. 놀라운 경험이었지요. 이러한 경험을 통해 '스스로에게 질문을 던지는 것이 사람을 변화시킨다'라는 사실을 깨달은 저는 이러한 방법을 '마법의 질문'이라는 이름으로 세상에 널리 알리고자 활동을 시작했습니다.

마법의 질문이란?

첫 번째 질문

무엇을?
(What?)

이 질문을 통해
눈앞의 문제 해결이나 목표 실현을 위해
자신이 앞으로 무엇을 해야 할지를
'명확하게' 파악할 수 있습니다.

두 번째 질문

정말로?
(Are you sure?)

정말로 그것을 해결(실현)하고 싶은지
스스로에게 물어봅니다.
이 질문에 대한 대답이 'YES'라면
다음 질문으로 넘어가지만, 그렇지 않은 경우에는
'왜? (Why?)'라고 스스로에게 되묻습니다.
답이 나오면 다시 첫 번째 질문으로 돌아가,
'YES'라는 답이 나올 때까지
스스로에게 계속 질문을 던집니다.

세 번째 질문

그래서?
(What do you want?)

목표가 달성되었을 때, 문제를 해결했을 때,
'어떻게 하고 싶은지', '어떤 식으로 변화할지'에 대해
스스로에게 물어봅니다.

네 번째 질문

어떻게 해야 할까?
(How?)

마지막에, 이 질문을 던짐으로써
구체적인 행동을 상상할 수 있게 되어
문제 해결이나 목표 달성까지의 속도가 빨라지게 됩니다.

마법의 질문
만다라 차트 사용 방법

자, 이제 마법의 질문 만다라 차트의 사용 방법에 관해 설명하도록 하겠습니다.

부록 노트에는 각각의 장르별로 24가지 마법의 질문 만다라 차트 양식을 준비했으니, 그것을 보면서 읽어주시면 좋을 것 같습니다.

마법의 질문 만다라 차트는 A형 차트입니다. 중심핵에는 주제가 적혀 있으며, A부터 H까지의 8개 칸에는 미리 준비된 마법의 질문이 들어 있습니다. 첫 번째인 '비전을 명확히 하다'라는 주제를 예로 들어 설명해보겠습니다.

여기에는 다음과 같은 질문이 적혀 있습니다.

A : '10년 후에 어떤 모습을 하고 있을까요?', B : '세상에 어떻게 도움이 되고 있을까요?', C : '여러분(회사)의 캐치프레이즈는 무엇인가요?', D : '여러분(회사)의 슬로건(키워드)은 무엇인가요?', E : '직원들에게 공통적으로 나타나는 특징은 무엇인가요?', F : '여러분의 회사가 없어진다면 누가 어떤 식으로 곤란해질까요?', G : '비전을 지속하기 위해 할 수 있는 일은 무엇인가요?', H : '100년 후에 여러분(회사)은 어떤 모습을 하고 있을까요?'

먼저, 질문에 답하는 방법에 대해 말씀드리자면, 가장 추천하는 방식은 A부터 H까지 순서대로 답하는 것입니다. 왜냐하면 이 순서가 가장 큰 효과를 낼 수 있는 최적의 순서이기 때문입니다.

'10년 후에 어떻게 되어 있을까?'를 생각하기 전에 '100년 후에 어떻게 되어 있을까?'를 생각하는 것은 나쁘지는 않지만, 그다지 효과적이지는 않습니다. 꼭 순서대로 답하고 싶지 않다면, A부터 H까지의 칸 중에서 답하고 싶은 칸부터 채워 넣기 시작해도 괜찮습니다.

또한, 답변이 문장으로 떠오르지 않을 때도 있을 것입니다. 그럴 때는 단어만 쓰거나, 그림을 그리거나, 기호를 적어도 상관없습니다.

'쓰는 행위'보다 질문을 받아들이고 '생각해보는 행위'가 더 중요하기 때문입니다.

그러니 우선 가벼운 마음으로 시작해보시길 바랍니다. 8개의 칸에 제시된 마법의 질문에 모두 답을 하고 나면, 마지막으로 중심핵의 주제 부분에 자신이 깨달은 것을 적으시면 됩니다.

이렇듯 마법의 질문에 답함으로써 중심핵에 대한 답을 찾는 데 필요한 힌트를 많이 얻게 될 것입니다. 그리고 이를 통해 차트를 작성하기 전에는 몰랐던 것들을 깨닫게 될 것입니다. 마지막으로, 마법의 질문 만다라 차트를 통해 알게 된 '구체적인 행동'과 그에 따른 기한, 계획을 수첩이나 메모장에 적어두시길 바랍니다.

이 마법의 질문 만다라 차트는 혼자서도 사용할 수 있지만, 여러 사람과 함께 사용해도 매우 효과적입니다. 직장 동료들과 같은 만다라 차트를 사용해 모두가 함께 마법의 질문에 답하며 칸을 채우고, 그 결과를 서로 이야기해보는 것은 어떨까요?

그러면 자신은 절대 떠올릴 수 없는 답변이 다른 사람에게서 나오거나, 자기 아이디어와 다른 사람의 아이디어가 결합해 시너지 효과가 발생하기도 합니다. 이를 통해 그룹 전체의 비전이 명확해지고, 생산성 향상에도 큰 도움이 됩니다. 부디 여러분의 그룹에서도 활용해보시길 바랍니다.

효과를 내기 위한 3가지 규칙

자, 지금부터 마법의 질문 만다라 차트를 작성하기에 앞서, 반드시 알아두셨으면 하는 '3가지 규칙'에 대해 설명하도록 하겠습니다. 그 3가지 규칙은 다음과 같습니다.

① 모든 답변은 정답이다.
② 답이 나오지 않아도 정답이다.
③ 모든 답변을 받아들인다.

① 모든 답변은 정답이다 : 답변에는 '이것이 절대적으로 옳다!'라는 정답이 존재하지 않습니다. 겉보기에 틀린 것처럼 보일지라도 그것이 여러분의 솔직한 마음에서 나온 답변이라면, 그 자체가 정답입니다.

② 답이 나오지 않아도 정답이다 : 답을 반드시 내야 한다고 생각하기 쉬우나, 답이 나오지 않는 것도 하나의 정답입니다. 즉, 그 질문에 대해 답을 찾지 못하는 자신의 상태를 깨달을 수 있으므로 그것 자체로도 의미 있는 일입니다. 인간의 뇌는 한번 질문을 받으면 무의식적으로 그 질문에 대한 답을 계속 찾으려는 특성이 있습니다. 지금 당장은 답이 나오지 않더라도, 1년 후에 문득 답이 떠오르는 경우도 있습니다. 그러니 느긋하게 기다려 보시기 바랍니다.

③ 모든 답변을 받아들인다 : 경우에 따라서는 스스로 낸 답변을 본인이 받아들이지 못하기도 합니다. '이것이 정말 내 본심이었어?' 하고 스스로 놀라기도 하지요. 그렇다고 하더라도, 그 답변을 부정하지 말고

일단 받아들여 보세요. 그러면, 그동안 알아차리지 못했던 다양한 사실을 깨닫게 될지도 모릅니다.

마법의 질문의 3가지 규칙은?

규칙 ❶ 모든 답변은 정답이다.
답은 사람마다 제각각 다르며, 입장이 바뀌면 답변도 바뀌게 됩니다. 따라서 어떠한 답변도 정답이라고 생각하고, 편안한 마음을 갖는 것이 중요합니다.

규칙 ❷ 답이 나오지 않아도 정답이다.
마법의 질문이라고 해서 너무 기를 쓰고 억지로 답을 내려고 할 필요는 없습니다. 조급해하지 말고 진득하게 생각하는 동안에 자연스럽게 답이 나오기를 기다립시다.

규칙 ❸ 모든 답변을 받아들인다.
자신이 내놓은 답을 자기 자신이 받아들이지 못하거나 인정하지 못하는 경우가 있을 수도 있습니다. 어떠한 답도 넓은 마음으로 받아들입시다.

이 3가지 규칙을 지킴으로써 마법의 질문에 더 쉽게 접근할 수 있게 될 거예요!

맺음말

끝까지 이 책을 읽어주셔서 진심으로 감사합니다. 감수자 마쓰무라 다케시입니다. 만다라 차트는 1979년, 경영 컨설턴트였던 저의 아버지 마쓰무라 야쓰오에 의해 개발되었습니다. 이 만다라 차트의 프레임워크는 다양한 미디어에 소개되었고, '일본의 새로운 발상법'으로 단번에 유명해졌습니다. 저는 아버지의 유지를 이어받아 현재 주식회사 클로버 연구소의 대표이사로서, 만다라 차트와 만다라 다이어리를 활용한 컨설팅 사업을 운영하고 있습니다. 그동안 수많은 기업과 개인들이 만다라 차트를 실천했습니다. 그리고 저는 만다라 차트를 실천한 많은 분이 인생과 비즈니스에서 큰 성과를 거두는 순간을 여러 번 목격할 수 있었습니다.

만다라 차트가 목표를 달성하는 프레임워크로써 그 대단함을 세상에 알린 계기는 이 책에서도 소개된 오타니 쇼헤이 선수의 존재가 컸다고 할 수 있습니다. 오타니 쇼헤이 선수가 고등학교 시절에 작성한 '목표 달성 시트'의 원형은 분명히 만다라 차트였으며, 2023년 WBC(월드 베이스볼 클래식)에서의 활약과 메이저리그에서의 활약은 이 9칸 사고법의 위력을 다시 한번 증명한 순간이었습니다. 물론 오타니 선수의 활약은 본인의 엄격한 노력 덕분이지만, 목표를 달성하거나 동기를 유지하기 위해 '목표 달성 시트'가 한 역할도 결코 적지는 않았을 것입니다.

이 책을 끝까지 읽어주신 여러분이라면 이미 눈치채셨겠지만, 만다라 차트의 활용 범위는 단순히 목표 달성에 국한되지 않습니다. 보고 자료 작성, 연설 원고 작성, 쇼핑 리스트, 식단 레시피, 여행 일기 등 다양한 상황에서 9칸 사고법이 활용되고 있습니다. 만다라 차트에 익숙해지기 위해 우선 이 책의 부록인 '마법의 질문 만다라 차트'부터 시작하셔도 좋습니다. 아니면 책에서 소개한 '인생의 8대 분야'를 만다라 차트로 정리해보시는 것도 추천드립니다.

부디 이 책을 통해 만다라 차트의 활용법을 익혀서 여러분의 비즈니스, 인생, 일상에 도움이 되셨으면 합니다. 여러분의 목표가 달성되고, 인생이 더욱 풍요로워지기를 진심으로 기원합니다.

마쓰무라 다케시

이 책에서 소개된 사례집에는
많은 분의 협력이 있었습니다. 이 자리를 빌어
진심으로 감사드립니다.

마쓰다 미히로·마쓰무라 다케시

※ 이 책에 소개된 사례는 순서가 일정하지 않고,
자유롭게 실려 있습니다.

참고문헌

마쓰무라 다케시, 《일도 인생도 잘 풀린다! [도해] 9칸 사고 만다라 차트》, 세이슌 출판사

마쓰무라 야스오, 《만다라 사고로 꿈은 반드시 이루어진다! '9칸 발상으로 계획하는 만다라' 다이어리》, 포레스트 출판
(※ 한국판 : 마츠무라 야스오 지음, 조혜숙, 한원형 옮김, 《만다라 차트 실천법 - 인생을 바꾸는 9칸 적기》, 시사문화사)

마쓰무라 야스오, 《만다라 수첩과 만다라 사고 - 인생과 비즈니스를 풍요롭게 하는 만다라 차트》, 클로버 연구소

마쓰무라 야스오, 《[도해] 9칸 사고로 모든 문제를 해결한다! 만다라 차트》, 세이슌 출판사

마쓰다 미히로, 《질문 업무술》, 닛케이BP사

마쓰다 미히로, 《질문으로 인생이 바뀐다 - 마법의 질문 만다라 차트®》, 클로버 연구소

마쓰다 미히로, 《이상적인 나, 나의 강점을 찾아 새롭게 태어난다! 보기만 해도 OK 마법의 질문 노트》, 다카라지마사

마쓰다 미히로, 《질문은 인생을 바꾼다》, 키즈나 출판

만다라 차트 협회, 《만다라 차트 인증 강사 세미나 텍스트》

마쓰야마 쇼사부로, 《Thanks UP! 일하는 것을 게임화하는 인사평가 시스템》, 마키노 출판

만다라 차트 협회, 《지혜를 실천한 '지혜의 화' - 만다라 차트 사례집》

CATEGORY 비즈니스

비전을 명확하게 하다 ·· 190
미션을 실천하다 ··· 192
문제를 해결하다 ··· 194
고객은 누구인가? ··· 196
독자적인 강점을 찾다 ··· 198
매출을 창출하다 ··· 200
직원의 의욕을 끌어내다 ·· 202
최고의 회의를 하다 ··· 204

CATEGORY 라이프워크

꿈을 발견하다 ·· 210
스트레스와 작별을 고하다 ······································ 212
아침을 여는 마법의 질문 ··· 214
밤을 닫는 마법의 질문 ·· 216
감사를 나누다 ·· 218
만남을 인연으로 만들다 ·· 220
목표를 달성하다 ··· 222
브랜드를 구축하다 ··· 224

CATEGORY 셀프 커뮤니케이션

모든 것은 가족에게서 ··· 230
파트너십 ··· 232
몸이 자산이다 ·· 234
질문이 주는 힘 ··· 236
느끼는 힘 ··· 238
환경을 조성하다 ··· 240
돈을 사랑하다 ·· 242
갑옷을 벗어던지다 ··· 244

'자유 과제' 작성하기 ··· 248
만다라 차트 A형 ··· 249
만다라 차트 B형 ··· 250
행동 리스트 ··· 252

F 여러분의 회사가 없어진다면 누가 어떤 식으로 곤란해질까요?	**C** 여러분(회사)의 캐치프레이즈는 무엇인가요?
B 세상에 어떻게 도움이 되고 있을까요?	**주제** **비전을 명확하게 하다**
E 직원들에게 공통적으로 나타나는 특징은 무엇인가요?	**A** 10년 후에 어떤 모습을 하고 있을까요?

| G | 비전을 지속하기 위해 할 수 있는 일은 무엇인가요? |

No.	1
Category.	비즈니스
Date.	. .

원 포인트 어드바이스

비전이란 '미래에 어떻게 되고 싶은지'에 대한 상상이자, 선언입니다. 당연한 말이지만, 비전이 없으면 비전을 실현할 수 없습니다. 따라서 회사나 자신의 인생에 대해 '이렇게 되고 싶다', '저렇게 되고 싶다'라고 생각하면서, 일단 목표를 세워봅시다.

무엇을 하든지, 비전을 만드는 것이 첫걸음이 됩니다. 하지만 이해하기 어려운 비전이나 전달하기 어려운 비전은 존재하지 않는 것이나 마찬가지이지요. 따라서 비전을 만들 때는, 자신이 그린 것을 어떻게 하면 명확하고 알기 쉽게 할 수 있을지를 의식하도록 합시다.

그리고 비전을 만들 때는 도중이라도 좋으니 그 비전을 주변 사람들에게 전해봅시다. 전할 때마다 점점 실감이 나거나, 점점 위화감을 느끼는 등 여러분의 내면에서 무언가 반응이 나타날 것입니다.

일단 왼쪽의 8가지 질문에 답한 다음, 다시 전체를 되돌아보았을 때 '이것이 나의 비전이다!'라고 와닿는 것을 중앙의 주제 부분에 적어봅시다.

| D | 여러분(회사)의 슬로건(키워드)은 무엇인가요? |

| H | 100년 후에 여러분(회사)은 어떤 모습을 하고 있을까요? |

F	결단을 방해하고 있는 것은 무엇인가요?	C	직원들의 역할은 무엇인가요?
B	여러분의 역할은 무엇인가요?	**주제**	
		미션을 실천하다	
E	행동을 방해하고 있는 것은 무엇인가요?	A	미래를 만들기 위해 무엇을 할 수 있나요?

| G | 앞으로 나아가는 데 필요한 것은 무엇인가요? |

| D | 여러분의 회사는 왜 존재하는 것일까요? |

| H | 미션을 실천하기 위해 오늘 무엇을 할 수 있나요? |

No.	2
Category.	비즈니스
Date.	. .

원 포인트 어드바이스

우리는 '생각하는 것이 중요하다'라는 말을 자주 듣고는 합니다. 그런데 우리 주변에는 '언젠가 부자가 되었으면 좋겠다'라고 생각만 하는 사람이 의외로 꽤 많습니다. 하지만 안타깝게도 생각만 해서는 아무 일도 일어나지 않습니다.

생각했다면 곧바로 행동으로 옮겨야 합니다. 이것이 바로 미션을 실천하는 것입니다. 여기서 말하는 미션이란, '사명'이나 '해야 할 일'을 뜻합니다. 예를 들어 회사라면 단순히 이익만을 추구하는 것이 아니라, 비전을 실현하는 데 존재하는 의미가 있습니다.

일단, 관점을 미래에 둔 채 오늘 할 수 있는 일을 생각해봅니다. 그런 다음 목표에 더 가까워지기 위해 우리가 할 수 있는 일, 주변 사람들이 할 수 있는 일에 대해 생각해봅시다. 분명 자신만이 할 수 있는 일(역할)이 가치가 될 것입니다. 왼쪽의 8가지 질문은 자신이 그린 비전을 향해 나아가는 원동력이 될 것입니다. 질문 하나하나를 마주하며, 미래를 위해 오늘 당장 할 수 있는 일은 무엇인지, 자신이 해야 할 일은 무엇인지를 말로 표현해봅시다.

F	누가 해결을 도울 수 있나요?	C	왜 그 문제를 계속 안고 가서는 안 된다고 생각하나요?
B	왜 그것이 문제인가요?	**주제**	
		문제를 해결하다	
E	어떻게 하면 해결하는 방향으로 나아갈 수 있을까요?	A	무엇이 문제인가요?

G	어떤 행동을 일으킬까요?
	....

No.	3
Category.	비즈니스
Date.	. .

원 포인트 어드바이스

과제나 문제를 만드는 사람은 누구일까요? 정답은 바로 자기 자신입니다. 과제나 문제, 고민은 우리의 내면에서 만들어지는 것입니다. 예를 들어, 비가 내리고 있을 때 '비는 질색이야'라고 생각하는 것은 바로 우리 자신입니다. 왜냐하면 비 자체는 나쁜 것은 아니기 때문이지요. 농부에게는 지금 내리는 비가 단비일 수도 있지 않을까요?

반대로 말하자면, 받아들이는 방식에 따라 우리의 생각은 문제로도, 기회로도 바뀔 수 있습니다. 기회라고 생각하면 그것은 기회가 됩니다. 중요한 것은 '왜 그것을 문제로 인식하는가?'라는 질문을 통해 그 원인을 파악하는 것입니다. 그러면 해결 방법이 보이기 시작할 것입니다.

따라서 '무엇이 문제인가?'라는 질문을 통해 먼저 문제를 명확히 하도록 합시다. 그리고 '왜 그것이 문제인가?'라는 질문을 통해 자신에게 문제로 작용하고 있는 근본 원인이 무엇인지를 탐색해봅시다.

왼쪽의 질문에 전부 답을 하면, 지금까지 어렴풋하게 짐작했던 문제가 구체적이고 명확해질 것입니다. 그리고 행동의 기준도 바뀌게 됩니다. 우리 모두 문제를 간단히 해결하고 그다음 단계로 나아가도록 합시다.

D	어떤 상태가 되었으면 하나요?
	....

H	재발을 방지하기 위해 무엇을 염두에 둬야 할까요?
	....

F	고객이 돈을 지불해서라도 해결하고 싶은 것은 무엇인가요?	C	고객의 가족 구성은 어떠한가요?
B	고객의 취미는 무엇인가요?	**주제** **고객은 누구인가?**	
E	고객은 무엇을 통해 정보를 얻고 있나요?	A	고객은 어떤 분인가요?

G	고객이 신경 쓰고 있는 키워드는 무엇인가요?

No.	4
Category.	비즈니스
Date.	. .

원 포인트 어드바이스

당연한 말이지만, 팔리지 않으면 장사가 되지 않습니다. 그런 이유로 얼마나 많은 고객이 있는지는 비즈니스를 하면서 신경 쓰이는 부분 중 하나입니다.

많은 사람이 어떻게든 더 많은 사람에게 판매하고 싶어 하지만, 실제로는 많은 사람에게 전하려고 하면 아무에게도 전해지지 않는 상황에 직면하게 됩니다. 따라서, 일단 사람 1명이나 회사 한 군데를 구체적으로 이미지화해 메시지를 전달하는 것이 중요합니다. 오히려 그편이 결과적으로 더 많은 사람에게 전해지기 쉽습니다.

가장 먼저 '고객은 어떤 분인가요?'라는 질문을 통해, 가장 판매하고 싶은 대상을 상상해봅니다. 그런 다음 '고객의 취미는 무엇인가요?', '고객의 가족 구성은 어떠한가요?', '고객은 쉬는 날에 무엇을 하나요?' 등의 질문을 통해 고객에 대해 더 명확하게 파악해보도록 합시다. 그 고객 주변에는 여러분의 고객이 되어 줄 사람들이 많을 것입니다.

8가지 질문에 답을 하다 보면, 대상 고객이 명확해지고, 고객이 어떤 문제로 고민하고 있는지, 고객의 결정 포인트는 무엇인지가 보이기 시작할 것입니다. 여러분의 고객은 어떤 사람인가요?

D	고객은 쉬는 날에 무엇을 하나요?

H	고객은 물건을 구매할 때 무엇을 바탕으로 결단을 내리나요?

| F | 장점을 늘리기 위해 무엇을 할 수 있나요? | C | 한마디로 말하자면 어떤 서비스를 제공하고 있나요? |

| B | 다른 회사가 더 우수한 점은 무엇인가요? | **주제** |
| | | **독자적인 강점을 찾다** |

| E | 여러분(회사)의 캐치프레이즈는 무엇인가요? | A | 다른 회사보다 우수한 점은 무엇인가요? |

| G | 어떤 서비스(상품)를 더 추가하면 고객이 기뻐할까요? |

No.	5
Category.	비즈니스
Date.	. .

원 포인트 어드바이스

사람에게는 반드시 좋은 점이 있으며, 그 좋은 점을 살림으로써 '자신다움'이 생겨납니다. 비즈니스에서는 그것이 상품의 부가가치가 됩니다. 그러한 부가가치를 갈고닦음으로써 우리는 더 많은 선택을 받는 사람이 될 수 있습니다.

첫 번째 질문입니다. '다른 회사보다 우수한 점은 무엇인가요?' 이 질문을 할 때 주의할 점은 위만 바라봐서는 끝이 없다는 것입니다. 주변을 둘러보면, 여러분보다 경험이 적은 사람들이 예상보다 훨씬 더 많다는 것을 기억해두시길 바랍니다. 사실 관점을 바꾸기만 해도, 이미 할 수 있는 것들이 수두룩합니다.

그다음 질문은, '다른 회사가 더 우수한 점은 무엇인가요?'입니다. 이 질문을 통해 발견한 다른 회사의 강점은 굳이 따라 할 필요가 없습니다. 왜냐하면 이길 수 없기 때문이지요. 이 2가지 질문을 통해, 다른 회사가 시도하지 않았고 여러분이 잘할 수 있는 것을 찾아봅시다.

8가지 질문에 답을 하게 되면, 여러분만의 독자적인 강점을 반드시 발견할 수 있을 것입니다. 여러분만이, 여러분의 회사만이 할 수 있는 것은 무엇인가요?

| D | 고객은 왜 여러분의 회사를 선택했을까요? |

| H | 어떨 때 고객이 기뻐하나요? |

F	고객에게 이 상품을 어떻게 알리고 있나요?	C	그 문제를 해결할 수 있는 상품은 무엇인가요?
B	고객이 고민하는 것은 무엇인가요?	**주제** **매출을 창출하다**	
E	그에 대한 대책은 무엇인가요?	A	언제까지 어느 정도 매출을 올리고 싶나요?

| G | 왜 그 가격에 판매하고 있나요? |

No.	6
Category.	비즈니스
Date.	. .

원 포인트 어드바이스

매출은 고객이 보내는 감사의 크기입니다. 그래서 '어떻게 팔지?'가 아니라 '어떻게 하면 고객에게 감사받을 수 있을지?'를 생각하는 것이 중요합니다. 우선, 철저하게 고객의 입장에서 생각해봅시다. 그러한 마음가짐으로 상품이나 서비스를 만들어나가면, 고객에게 감사받을 수 있고, 매출도 자연스럽게 늘어날 것입니다.

첫 번째 질문은 '언제까지 어느 정도 매출을 올리고 싶나요?'입니다. 일단 목표 설정부터 시작합시다. '언제까지'라는 기간은 10년 후, 5년 후, 3년 후, 1년 후, 6개월 후 정도로 설정하는 것이 이상적입니다.

그다음 질문은 '고객이 고민하는 것은 무엇인가요?'입니다. 이 질문을 통해 고객이 겪고 있는 고민이 드러났다면, '그 문제를 해결할 수 있는 상품은 무엇인가요?'라는 질문을 던져봅니다. 여기서 만약 '없다'라는 답이 나온다면, 고객(타깃) 설정이 잘못되었다는 증거입니다. 그럴 때는 다시 '고객은 누구인가?'라는 항목부터 다시 검토해봅시다.

8가지 질문에 답을 하다 보면, 매출을 창출할 수 있는 힌트가 보이기 시작할 것입니다. 여러분은 어떻게 매출을 만들어내실 것인가요?

| D | 고객이 구매하지 않는 이유는 무엇인가요? |

| H | 왜 여러분에게서 사야 하나요? |

| F | 무엇을 칭찬해주고 싶나요? | C | 그 원인은 무엇인가요? |

| B | 어떤 경우에 의욕을 잃어버리나요? |

주제

직원의 의욕을 끌어내다

| E | 무엇을 인정해줄 수 있나요? | A | 어떤 경우에 직원의 웃는 얼굴을 볼 수 있나요? |

| G | 직원에게서 배울 점은 무엇인가요? |

No.	7
Category.	비즈니스
Date.	. .

원 포인트 어드바이스

누구나 상대가 '더 의욕을 가져줬으면 좋겠다!'라고 생각하기 마련입니다. 하지만 상대를 바꾸기는 매우 어려운 일이지요. 그보다는 자신이 변하는 것이 더 빠른 길입니다. '상대가 의욕을 내지 않는 이유는 그를 대하는 내 방식에 문제가 있기 때문이다'라고 생각하면 상황은 순식간에 좋아질 것입니다.

'지금까지와는 다르게 어떤 식으로 말해볼까?'라는 작은 의식의 변화가 상대의 의식 변화로도 이어집니다. 우선, '어떤 경우에 직원의 웃는 얼굴을 볼 수 있나요?', '어떤 경우에 의욕을 잃어버리나요?', '그 원인은 무엇인가요?'라는 질문을 던지며, 직원을 관찰해봅시다.

그런 다음, 관점을 바꿔 '여러분의 상사가 어떤 상사라면 의욕을 낼 것인가요?'라는 질문을 자신에게 던져봅니다. 여기서 나온 내용을 평상시 자기 행동과 연결시켜 보면, 여러모로 깨달음이 있을 것입니다.

8가지 질문에 차례로 답하다 보면, 직원의 좋은 점도 보이게 되고 우리가 바뀌어야 할 부분도 보이게 될 것입니다. 자, 여러분은 무엇을 먼저 해보고 싶은가요?

| D | 여러분의 상사가 어떤 상사라면 의욕을 낼 것인가요? |

| H | 여러분은 어떠한 점을 바꿀 수 있나요? |

F	회의의 목표는 무엇인가요?	C	회의에 참여하고 싶어지는 요소는 무엇인가요?
B	어떤 공간에서 릴랙스할 수 있나요?	**주제** **최고의 회의를 하다**	
E	회의의 규칙에는 어떤 것들이 있나요?	A	회의에 영화와 같은 제목을 붙인다면 무엇이 좋을까요?

No.	8
Category.	비즈니스
Date.	. .

원 포인트 어드바이스

배를 타고 바다를 여행할 때 목적지를 알고 있더라도 지도와 나침반 없이는 항해할 수 없듯이, 회의에서도 그런 이미지를 가지는 편이 좋습니다.

그동안 여러 회사를 봐왔지만, 지도와 나침반을 지니지 않은 채 정처 없이 헤매는 회의를 하는 회사들이 많이 있습니다. 하지만 필요한 도구와 마음가짐이 없으면 목적지에 도달할 수 없습니다.

애초에 '회의'라는 단어를 듣는 순간, '싫다'라며 부정적으로 생각하는 사람이 많은데, 그런 사고방식을 바꾸지 않으면 좋은 회의를 할 수 없습니다. 그리고 좋은 회의를 하지 않으면 좋은 조직이나 프로젝트가 탄생하기 어렵고요.

첫 번째 질문은 '회의에 영화와 같은 제목을 붙인다면 무엇이 좋을까요?'입니다. 지루한 제목의 회의에는 참여하는 것이 썩 내키지 않지만, 흥미로운 제목이라면 자연스럽게 참여하고 싶어지게 마련입니다. 스스로 참여하고 싶어지면 회의는 더 효율적으로 진행될 것입니다. 8가지 질문에 답하다 보면, 여러분의 회의는 지금까지보다 더 생산적으로 변하고, 여러분의 회사나 프로젝트의 성과로도 이어질 것입니다. 최고의 회의를 진행해 최고의 회사를 만들어봅시다.

G 어떠한 궁리를 해야 사람들이 회의 시간에 발언할까요?

D 어떠한 기분으로 회의에 참여했으면 하나요?

H 결정된 것을 누가 언제까지 실행하나요?

F 고객에게 이 상품을 어떻게 알리고 있나요?	C 그 문제를 해결할 수 있는 상품은 무엇인가요?	G 왜 그 가격에 판매하고 있나요?	F 누가 해결을 도울 수 있나요?	C 왜 그 문제를 계속 안고 가서는 안 된다고 생각하나요?	G 어떤 행동을 일으킬까요?
B 고객이 고민하는 것은 무엇인가요?	**6 매출을 창출하다**	D 고객이 구매하지 않는 이유는 무엇인가요?	B 왜 그것이 문제인가요?	**3 문제를 해결하다**	D 어떤 상태가 되었으면 하나요?
E 그에 대한 대책은 무엇인가요?	A 언제까지 어느 정도 매출을 올리고 싶나요?	H 왜 여러분에게서 사야 하나요?	E 어떻게 하면 해결하는 방향으로 나아갈 수 있을까요?	A 무엇이 문제인가요?	H 재발을 방지하기 위해 무엇을 염두에 둬야 할까요?
F 결단을 방해하고 있는 것은 무엇인가요?	C 직원들의 역할은 무엇인가요?	G 앞으로 나아가는데 필요한 것은 무엇인가요?	**6 매출을 창출하다**	**3 문제를 해결하다**	**7 직원의 의욕을 끌어내다**
B 여러분의 역할은 무엇인가요?	**2 미션을 실천하다**	D 여러분의 회사는 왜 존재하는 것일까요?	**2 미션을 실천하다**	**주제 비즈니스 만다라**	**4 고객은 누구인가?**
E 행동을 방해하고 있는 것은 무엇인가요?	A 미래를 만들기 위해 무엇을 할 수 있나요?	H 미션을 실천하기 위해 오늘 무엇을 할 수 있나요?	**5 독자적인 강점을 찾다**	**1 비전을 명확하게 하다**	**8 최고의 회의를 하다**
F 장점을 늘리기 위해 무엇을 할 수 있나요?	C 한마디로 말하자면 어떤 서비스를 제공하고 있나요?	G 어떤 서비스(상품)를 더 추가하면 고객이 기뻐할까요?	F 여러분의 회사가 없어진다면 누가 어떤 식으로 곤란해질까요?	C 여러분(회사)의 캐치프레이즈는 무엇인가요?	G 비전을 지속하기 위해 할 수 있는 일은 무엇인가요?
B 다른 회사가 더 우수한 점은 무엇인가요?	**5 독자적인 강점을 찾다**	D 고객은 왜 여러분의 회사를 선택했을까요?	B 세상에 어떻게 도움이 되고 있을까요?	**1 비전을 명확하게 하다**	D 여러분(회사)의 슬로건(키워드)은 무엇인가요?
E 여러분(회사)의 캐치프레이즈는 무엇인가요?	A 다른 회사보다 우수한 점은 무엇인가요?	H 어떨 때 고객이 기뻐하나요?	E 직원들에게 공통적으로 나타나는 특징은 무엇인가요?	A 10년 후에 어떤 모습을 하고 있을까요?	H 100년 후에 여러분(회사)은 어떤 모습을 하고 있을까요?

만다라 차트 :

이름	
작성일	

F	C	G
무엇을 칭찬해 주고 싶나요?	그 원인은 무엇인가요?	직원에게서 배울 점은 무엇인가요?
B	**7 직원의 의욕을 끌어내다**	**D**
어떤 경우에 의욕을 잃어버리나요?		여러분의 상사가 어떤 상사라면 의욕을 낼 것인가요?
E	**A**	**H**
무엇을 인정해줄 수 있나요?	어떤 경우에 직원의 웃는 얼굴을 볼 수 있나요?	여러분은 어떠한 점을 바꿀 수 있나요?

F	C	G
고객이 돈을 지불해서라도 해결하고 싶은 것은 무엇인가요?	고객의 가족 구성은 어떠한가요?	고객이 신경 쓰고 있는 키워드는 무엇인가요?
B	**4 고객은 누구인가?**	**D**
고객의 취미는 무엇인가요?		고객은 쉬는 날에 무엇을 하나요?
E	**A**	**H**
고객은 무엇을 통해 정보를 얻고 있나요?	고객은 어떤 분인가요?	고객은 물건을 구매할 때 무엇을 바탕으로 결단을 내리나요?

F	C	G
회의의 목표는 무엇인가요?	회의에 참여하고 싶어지는 요소는 무엇인가요?	어떠한 궁리를 해야 사람들이 회의 시간에 발언할까요?
B	**8 최고의 회의를 하다**	**D**
어떤 공간에서 릴랙스할 수 있나요?		어떠한 기분으로 회의에 참여했으면 하나요?
E	**A**	**H**
회의의 규칙에는 어떤 것들이 있나요?	회의에 영화와 같은 제목을 붙인다면 무엇이 좋을까요?	결정된 것을 누가 언제까지 실행하나요?

만다라로 되돌아보기

F	C	G	F	C	G
B	**6** 매출을 창출하다	D	B	**3** 문제를 해결하다	D
E	A	H	E	A	H
F	C	G	**6** 매출을 창출하다	**3** 문제를 해결하다	**7** 직원의 의욕을 끌어내다
B	**2** 미션을 실천하다	D	**2** 미션을 실천하다	**주제** 비즈니스 만다라	**4** 고객은 누구인가?
E	A	H	**5** 독자적인 강점을 찾다	**1** 비전을 명확하게 하다	**8** 최고의 회의를 하다
F	C	G	F	C	G
B	**5** 독자적인 강점을 찾다	D	B	**1** 비전을 명확하게 하다	D
E	A	H	E	A	H

만다라 차트 :

이름	
작성일	

F	C	G
B	7 직원의 의욕을 끌어내다	D
E	A	H

F	C	G
B	4 고객은 누구인가?	D
E	A	H

F	C	G
B	8 최고의 회의를 하다	D
E	A	H

F 하지 않기로 결심하고 싶은 것은 무엇인가요?	**C** 돈을 들여서라도 하고 싶은 것은 무엇인가요?
B 본인의 어떤 점이 좋나요?	**주제** 꿈을 발견한다
E 버리고 싶은 것은 무엇인가요?	**A** 어떨 때 행복한가요?

No.		1
Category.		라이프워크
Date.	.	.

G	24시간 계속해도 힘들지 않은 것은 무엇인가요?

D	무엇을 할 때 친구들이 기뻐했나요?

H	여러분이 살아가기 위한 규칙은 무엇인가요?

원 포인트 어드바이스

꿈은 없는 것보다는 있는 편이 좋습니다. '저는 꿈이 없어요'라고 말하는 사람보다 '저는 꿈이 있어요'라고 말하는 사람이 더 좋은 것처럼 말입니다. 꿈을 갖고 살아가는 편이 좋지만, 자신의 꿈을 찾기란 좀처럼 쉽지 않습니다. 그런 사람들을 위해 만든 질문이 바로 이것입니다.

먼저 해야 할 일은 자신과 대화하는 것입니다. 그 과정을 통해 과거의 자신을 돌아보며 '나는 미래에 이런 일을 하고 싶어 하나?'라는 것이 보이기 시작합니다. 여러분이 어느 때 행복을 느꼈는지를 떠올려 봅시다. 그 행복을 느꼈을 때가 바로, 자신의 꿈을 이뤘을 때와 '가까운' 상태입니다. 우선, 이 질문에 답해봅시다. 그러면 그동안 보이지 않던 것들이 보일 것입니다.

8가지 질문에 답을 하면, 지금까지 찾지 못했던 여러분의 꿈을 발견할 수 있을 것입니다. 꿈을 찾게 되면, 본인도 자신의 미래에 설레게 되고, 그 설렘이 주변 사람들에게도 전해져서 여러분의 꿈에 공감하고 도움을 주는 사람들이 나타날 수도 있습니다. 우리 모두 반드시 꿈을 발견하도록 합시다.

F 여러분은 어떤 방법으로 미움과 작별하나요?	**C** 마음이 안정되는 장소는 어디인가요?
B 여러분을 활기차게 만드는 말은 무엇인가요?	**주제** 스트레스와 작별을 고하다
E 여러분은 어떤 환경에서 안심할 수 있나요?	**A** 지금 여러분의 인생에서 잘 풀리고 있는 것은 무엇인가요?

| G | 하기 싫은 일을 통해 배우는 점은 무엇인가요? |

No.	2
Category.	라이프워크
Date.	. .

원 포인트 어드바이스

우리의 스트레스에 대해 이별을 고하며, 곁에서 떠나보내는 이미지를 상상해봅시다. 스트레스와 작별을 하게 되면 더 즐거워지고 편안한 상태에서 풍요로운 삶을 모색할 수 있습니다. 행복해지자, 풍요로워지자고 하기 전에 스트레스와 작별하는 것도 중요합니다.

첫 번째 질문은 '지금 여러분의 인생에서 잘 풀리고 있는 것은 무엇인가요?'입니다. 직장에서의 일을 생각해봐도 좋고, 가정이나 개인적인 부분도 좋습니다. 어떠한 것이든 상관없습니다. 사람은 눈앞에 있는 과일에 썩은 부분이 한군데라도 있으면, 그 부분에만 시선이 가고 신경이 쓰이게 마련입니다.

이와 마찬가지로 스트레스를 받는 사람은 자신 주변에 있는 것들의 '좋지 않은 부분'에만 쉽게 눈길이 가고, '잘되고 있는 부분'이나 '좋은 부분'에는 눈이 가지 않는 법입니다. 일단, 그 부분을 바꿔보도록 합시다.

8가지 질문에 답을 하다 보면, 그동안 느꼈던 스트레스와 거리를 둘 수 있을 것 같은 느낌이 들게 될 것이다. 그러한 상태가 되면 목표 실현에도 한 걸음 더 가까워질 수 있을 것입니다.

| D | 어떠한 상황에도 여러분을 응원해주는 사람은 누구인가요? |

| H | 다음에 일어날 좋은 일은 무엇이라고 생각하나요? |

F 이상적인 미래에 다가가기 위해 무엇을 할 수 있나요?	C 어떤 감동적인 사건을 만들 것인가요?
B 오늘은 무엇을 즐길 것인가요?	**주제** **아침을 여는 마법의 질문**
E 오늘 밤에는 어떤 표정을 지을 것인가요?	A 오늘 누구에게 감사를 전할 것인가요?

| G | 어떤 영양가 있는 것을 섭취하고 있나요? |

No.	3
Category.	라이프워크
Date.	. .

원 포인트 어드바이스

아침은 하루의 시작입니다. 시작이 좋으면 그날 하루가 좋아질 수 있습니다. 그러한 관점에서 볼 때, 아침 1분을 어떻게 사용할지가 여러분의 그날 하루를 좌우할 수도 있습니다.

이 중요한 타이밍에 마법의 질문을 던져서 하루의 질을 높여 봅시다. 첫 번째 질문입니다. '오늘 누구에게 감사를 전할 것인가요?' 여러분 주변에 있는 누군가를 떠올려봅시다. 그 사람에게 왜 감사해야 하는지, 어떤 이유로 감사해야 하는지 이미지로 그려봅시다. 사실, 우리 주변에는 감사해야 할 일이 넘쳐흐르고 있습니다.

하지만, 그 사실을 의식하지 않으면 알아차리지 못하는 경우도 많습니다. 감사는 우리가 주변 사람들과 긍정적이고 생산적으로 살아가도록 하는 힘의 원천입니다. 따라서 아침에 그러한 감사를 먼저 확인해보도록 합시다.

8가지 질문에 답을 하면, 여러분은 긍정적인 기분으로 하루를 시작할 수 있을 것입니다. 그러면, 그 후에도 하루 종일 그러한 기분으로 물들게 될 것입니다. 그런 하루하루가 쌓이게 되면 여러분의 인생 자체는 점점 더 밝고 긍정적으로 변할 것입니다.

| D | 누구에게 어떤 선물을 할 것인가요? |

| H | 지금의 미소는 멋있나요? |

F 이상적인 미래에 가까이 다가가기 위해 무엇을 했나요?	**C** 오늘은 무엇을 배웠나요?
B 누구에게 어떤 선물을 했나요?	**주제** 밤을 닫는 마법의 질문
E 푹 잠에 들기 위해 어떤 상상을 하나요?	**A** 오늘 하루 어떤 감동적인 일이 있었나요?

| G | 듣고 기뻤던 한마디는 무엇인가요? |

No.	4
Category.	라이프워크
Date.	. .

원 포인트 어드바이스

아침을 여는 마법의 질문에서 '시작이 좋으면 그날 하루가 좋아진다'라는 말을 했는데, 또 한 가지가 더 있습니다. '끝이 좋으면 모든 게 좋다'라는 말도 진실입니다. 아무 생각 없이 보낸 것 같은 하루여도 주의 깊게 관찰해보면 이런저런 결실을 발견할 수 있습니다.

하지만 대부분 사람은 그런 결실을 알아차리지 못한 채 살아갑니다. 그러한 사실을 인식하기만 해도 우리의 의식은 변하기 시작합니다.

첫 번째 질문입니다. '오늘 하루 어떤 감동적인 일이 있었나요?' 오늘은 '딱히 특별한 일도 없었고, 평소와 다를 것 없는 하루였다'라고 생각하는 사람들이 정말 많습니다. 하지만, 다시 한번 자신에게 질문을 던져보면 '기뻤던 일', '즐거웠던 일', '마음이 동했던 일'이 반드시 있을 것입니다. 이런 일들은 일부러 찾으려고 하지 않으면 점점 잊고 맙니다.

8가지 질문에 모두 답하게 되면, 하루 단위로 '되돌아보기(리플렉션)'를 할 수 있고 오늘 하루를 통해 다양한 깨달음을 얻게 될 것입니다. 부디 이 과정을 여러분의 습관으로 만드시길 바랍니다.

| D | 어떠한 투자를 했나요? |

| H | 내일 하루는 어떻게 보내고 싶나요? |

F	상대방이 어떤 기분이 들었으면 하나요?	C	최근에 도움을 주신 분은 누구인가요?
B	어렸을 적 도움을 주신 분은 누구인가요?	**주제** **감사를 나누다**	
E	어떠한 방식으로 감사를 전하나요?	A	어떠한 사건에 감사를 전하고 싶나요?

| G | 어떤 편지를 받으면 기분이 좋아질까요? |

| D | 고민하고 있을 때 상담해주신 분은 누구인가요? |

| H | 어떤 깜짝 선물을 할 수 있나요? |

No.	5
Category.	라이프워크
Date.	. .

원 포인트 어드바이스

현재의 자신이 존재하는 것은 여러 사람 덕분입니다. "나는 지금까지 그 누구의 도움도 받지 않고 살아왔다"라고 말하는 사람은 아마 한 명도 없을 것입니다. 인간은 가정, 학교, 직장 등에서 누군가와 관계를 맺으며 살아갑니다. 자신을 성장시켜 준 사람들에게 '고맙다'라는 말을 전해 봅시다.

첫 번째 질문입니다. '어떠한 사건에 감사를 전하고 싶나요?' 언제 적 감사하는 마음인지, 크든지 작든지 상관없습니다. 지금 감사하는 마음을 전하고 싶은 일을 떠올려 봅시다.

8가지 질문에 답하다 보면 항상 감사하는 마음을 새롭게 되새기고, 또다시 감사하고 싶어지는 일을 발견할 수 있게 됩니다. 자신도 감사를 표현하고, 상대방에게도 감사받는 그런 상태를 유지할 수 있다면 주변 분위기도 밝아지고, 감사가 또 다른 감사를 낳게 될 것입니다. 감사하고 싶은 마음이 든다면 부디 그것을 말로 확실히 표현해보시기 바랍니다.

F	그 사람이 바라는 것은 무엇인가요?	**C**	어떤 기념일을 외워두고 싶나요?
B	만난 사람에게 무엇을 해줄 수 있나요?	**주제** **만남을 인연으로 만들다**	
E	그 사람이 잘하는 것은 무엇인가요?	**A**	만나고 싶은 사람은 어디에 있나요?

| G | 무슨 선물을 받는 것이 좋나요? |

No.	6
Category.	라이프워크
Date.	. .

원 포인트 어드바이스

우리는 사람들에게 이런저런 도움을 받으며 살아가고 있습니다. 우연히 만난 두 사람이 사실은 우연이 아니라 필연적으로 만나게 된 것일지도 모릅니다. 그렇게 생각해보면, 만나는 모든 사람에게서 의미를 발견할 수 있게 됩니다. 작은 만남 속에서도 의미를 찾을 수 있다면, 그것은 앞으로도 계속 이어질 '인연'이 될지도 모릅니다. 이 마법의 질문을 통해 좋은 인연을 알아차릴 수 있게 될 것입니다.

첫 번째 질문은 '만나고 싶은 사람은 어디에 있나요?'입니다. 이 사람을 만나고 싶다, 저 사람의 이야기를 들어보고 싶다고 생각하더라도 그 사람이 있는 장소에 가지 않으면 만날 수 없습니다. 하지만 그 사실을 의식하기만 해도 '어떻게 하면 만날 수 있을지?' 고민하게 되고, 인연으로 이어질 수 있는 행동을 취하기가 더 쉬워집니다.

8가지 질문에 답을 하면 그저 그런 만남이 '인연'으로 바뀔 가능성을 깨닫게 될 것입니다. 이러한 깨달음이 우리의 만남의 질을 바꾸고, 나아가 인생의 질까지 변화시키는 계기가 될 것입니다.

| D | 기념일은 어디에 메모해 두나요? |

| H | 그 사람에게 어떤 정보를 제공하고 싶나요? |

F 목표 달성을 위해 오늘 할 수 있는 일은 무엇인가요?	**C** 조력자는 누구인가요?
B 목표를 달성하는 데 있어 벽, 장애물은 무엇인가요?	**주제** **목표를 달성하다**
E 어떠한 스케줄을 세웠나요?	**A** 달성하려는 목적은 무엇인가요?

| G | 보상은 무엇인가요? |

No.	7
Category.	라이프워크
Date.	. .

원 포인트 어드바이스

목표를 달성하는 것은 코칭에서 자주 사용되는 패턴입니다. 목표를 골(Goal)이라고 했을 때, 먼저 그 골을 찾고 명확하게 하는 것이 중요합니다. 그 골을 향해 전진하다 보면, 언젠가는 반드시 도달할 수 있습니다. 이 마법의 질문은 여러분의 목표가 무엇인지, 어디에 있는지, 그곳에 도달하기 위한 경로를 명확히 하기 위해 만들어졌습니다.

첫 번째 질문은 '달성하려는 목적은 무엇인가요?'입니다. 이것은 골에 도달한 후 그다음에 무엇이 기다리고 있는지에 대한 질문입니다. 예를 들어, '부자가 되고 싶다'라는 목표를 가진 사람의 경우에는 '부자가 된 후에 무엇을 하고 싶나요?'라는 질문으로 연결됩니다. 목표의 그 너머에 무엇이 있을지 생각하는 것이 중요합니다. 진심으로 이루고 싶은 목표와 일시적인 욕망을 구분해야 합니다.

8가지 질문에 답하면, 이전까지는 막연하게만 보였던 목표가 더 선명하게 보이고, 목표에 도달하기 위해 구체적으로 무엇을 해야 할지 명확히 알 수 있게 됩니다.

| D | 달성하게 되면 사회에 '어떤 영향을 미치나요? |

| H | 달성하는 데 필요한 것은 무엇인가요? |

| F | 여러분을 생각하면 떠오르는 키워드는 무엇인가요? | C | 관련된 사람들과 어떤 약속을 할 수 있나요? |

| B | 여러분이 갖고 있는 진정한 속마음은 무엇인가요? | **주제**
브랜드를 구축하다 |

| E | 그 사람이 중요하게 여기는 것은 무엇인가요? | A | 여러분을 통해 무엇을 전하고 싶나요? |

No.	8
Category.	라이프워크
Date.	. .

G 여러분이 사용하는 말과 사용하지 않는 말은 무엇인가요?

D 여러분이 보기에 브랜드가 있다고 느끼는 사람(회사)은 누구인가요?

H 여러분이 하고 싶은 것은 무엇인가요?

원 포인트 어드바이스

'브랜드'라고 하면, 가방이나 옷 같은 물건을 떠올리는 사람이 많습니다. 하지만 자기 자신도 브랜드가 될 수 있다는 사실을 먼저 깨달아야 합니다. 자신이 하나의 브랜드임을 인식하고 그 브랜드의 가치를 높일 수 있다면, 우리에게 모여드는 것들의 질도 변하게 될 것입니다.

첫 번째 질문입니다. '여러분을 통해 무엇을 전하고 싶나요?' 여러분이라는 사람을 통해, 어떤 메시지나 비전을 다른 사람들에게 전하고 싶은지 생각해봅시다. 예를 들어, 브랜드 제품이 브랜드로 인정받는 이유는 단순히 브랜드 로고가 붙어 있어서가 아닙니다. 그 브랜드를 통해 전하고자 하는 가치, 역사, 메시지가 담겨 있기 때문입니다. 따라서 자신이 브랜드가 되었다고 생각하고 '나는 무엇을 전하고 싶은지?' 자기에게 질문을 던져보시길 바랍니다.

8가지 질문에 답하다 보면, 여러분은 그저 막연하게 살아가는 평범한 사람이 아니라, 다른 사람들에게 전하고 싶은 고유한 가치를 지닌 사람이라는 인식이 싹트게 될 것입니다.

F 그 사람이 바라는 것은 무엇인가요?	**C** 어떤 기념일을 외워두고 싶나요?	**G** 무슨 선물을 받는 것이 좋나요?	**F** 이상적인 미래에 가까이 다가가기 위해 무엇을 할 수 있나요?	**C** 어떤 감동적인 사건을 만들 것인가요?	**G** 어떤 영향가 있는 것을 섭취하고 있나요?
B 만난 사람에게 무엇을 해줄 수 있나요?	○ **6** 만남을 인연으로 만들다	**D** 기념일은 어디에 메모해 두나요?	**B** 오늘은 무엇을 즐길 것인가요?	○ **3** 아침을 여는 마법의 질문	**D** 누구에게 어떤 선물을 할 것인가요?
E 그 사람이 잘하는 것은 무엇인가요?	**A** 만나고 싶은 사람은 어디에 있나요?	**H** 그 사람에게 어떤 정보를 제공하고 싶나요?	**E** 오늘 밤에는 어떤 표정을 지을 것인가요?	**A** 오늘 누구에게 감사를 전할 것인가요?	**H** 지금의 미소는 멋있나요?
F 여러분은 어떤 방법으로 미움과 작별하나요?	**C** 마음이 안정되는 장소는 어디인가요?	**G** 하기 싫은 일을 통해 배우는 점은 무엇인가요?	○ **6** 만남을 인연으로 만들다	○ **3** 아침을 여는 마법의 질문	○ **7** 목표를 달성하다
B 여러분을 활기차게 만드는 말은 무엇인가요?	○ **2** 스트레스와 작별을 고하다	**D** 어떠한 상황에도 여러분을 응원해 주는 사람은 누구인가요?	○ **2** 스트레스와 작별을 고하다	● **주제** 라이프워크 만다라	○ **4** 밤을 닫는 마법의 질문
E 여러분은 어떤 환경에서 안심할 수 있나요?	**A** 지금 여러분의 인생에서 잘 풀리고 있는 것은 무엇인가요?	**H** 다음에 일어날 좋은 일은 무엇이라고 생각하나요?	○ **5** 감사를 나누다	○ **1** 꿈을 발견한다	○ **8** 브랜드를 구축하다
F 상대방이 어떤 기분이 들었으면 하나요?	**C** 최근에 도움을 주신 분은 누구인가요?	**G** 어떤 편지를 받으면 기분이 좋아질까요?	**F** 하지 않기로 결심 하고 싶은 것은 무엇인가요?	**C** 돈을 들여서라도 하고 싶은 것은 무엇인가요?	**G** 24시간 계속해도 힘들지 않은 것은 무엇인가요?
B 어렸을 적 도움을 주신 분은 누구인가요?	○ **5** 감사를 나누다	**D** 고민하고 있을 때 상담해주신 분은 누구인가요?	**B** 본인의 어떤 점이 좋나요?	○ **1** 꿈을 발견한다	**D** 무엇을 할 때 친구들이 기뻐했나요?
E 어떠한 방식으로 감사를 전하나요?	**A** 어떠한 사건에 감사를 전하고 싶나요?	**H** 어떤 깜짝 선물을 할 수 있나요?	**E** 버리고 싶은 것은 무엇인가요?	**A** 어떨 때 행복한가요?	**H** 여러분이 살아가기 위한 규칙은 무엇인가요?

만다라 차트 :

이름	
작성일	

F	C	G
목표 달성을 위해 오늘 할 수 있는 일은 무엇인가요?	조력자는 누구인가요?	보상은 무엇인가요?

B	7	D
목표를 달성하는 데 있어 벽, 장애물은 무엇인가요?	목표를 달성하다	달성하게 되면 사회에 어떤 영향을 미치나요?

E	A	H
어떠한 스케줄을 세웠나요?	달성하려는 목적은 무엇인가요?	달성하는 데 필요한 것은 무엇인가요?

F	C	G
이상적인 미래에 가까이 다가가기 위해 무엇을 했나요?	오늘은 무엇을 배웠나요?	듣고 기뻤던 한마디는 무엇인가요?

B	4	D
누구에게 어떤 선물을 했나요?	밤을 닫는 마법의 질문	어떠한 투자를 했나요?

E	A	H
푹 잠에 들기 위해 어떤 상상을 하나요?	오늘 하루 어떤 감동적인 일이 있었나요?	내일 하루는 어떻게 보내고 싶나요?

F	C	G
여러분을 생각하면 떠오르는 키워드는 무엇인가요?	관련된 사람들과 어떤 약속을 할 수 있나요?	여러분이 사용하는 말과 사용하지 않는 말은 무엇인가요?

B	8	D
여러분이 갖고 있는 진정한 속마음은 무엇인가요?	브랜드를 구축하다	여러분이 보기에 브랜드가 있다고 느끼는 사람(회사)은 누구인가요?

E	A	H
그 사람이 중요하게 여기는 것은 무엇인가요?	여러분을 통해 무엇을 전하고 싶나요?	여러분이 하고 싶은 것은 무엇인가요?

부록. 마법의 질문 만다라 차트 작성 노트

만다라로 되돌아보기

F	C	G	F	C	G
B	6 만남을 인연으로 만들다	D	B	3 아침을 여는 마법의 질문	D
E	A	H	E	A	H
F	C	G	6 만남을 인연으로 만들다	3 아침을 여는 마법의 질문	7 목표를 달성하다
B	2 스트레스와 작별을 고하다	D	2 스트레스와 작별을 고하다	주제 라이프워크 만다라	4 밤을 닫는 마법의 질문
E	A	H	5 감사를 나누다	1 꿈을 발견한다	8 브랜드를 구축하다
F	C	G	F	C	G
B	5 감사를 나누다	D	B	1 꿈을 발견한다	D
E	A	H	E	A	H

만다라 차트 :

이름	
작성일	

F	C	G
B	7 목표를 달성하다	D
E	A	H

F	C	G
B	4 밤을 닫는 마법의 질문	D
E	A	H

F	C	G
B	8 브랜드를 구축하다	D
E	A	H

| F | 여러분이 생각하는 이상적인 가족의 모습은 어떠한가요? | C | 지금까지 어떤 경우에 행복을 느꼈나요? |

| B | 무엇을 의식하면 가족의 미소가 늘어날까요? | **주제** |
| | | 모든 것은 가족에게서 |

| E | 여러분에게 있어 가족은 어떠한 존재인가요? | A | 어떤 일을 했을 때 가족이 기뻐하나요? |

G 가족 내에서 여러분의 역할은 무엇인가요?	**No.** 1
	Category. 셀프 커뮤니케이션
	Date. . .

원 포인트 어드바이스

성공한 사람이나 잘나가는 사람 중 대부분은 신기하게도 가족 관계나 부부 관계가 좋습니다. 먼저 우리 주변에 있는 사람들을 행복하게 해야, 그 밖에 있는 세상의 사람들을 행복하게 할 수 있습니다. 세상에 도움이 되는 사람이 되고 싶으면 먼저 가족에게 도움이 되고, 가족을 행복하게 해야 합니다. 그것이 성공으로 가는 첫걸음입니다.

첫 번째 질문입니다. '어떤 일을 했을 때 가족이 기뻐하나요?' 어떤 일을 하면 가족이 기뻐하는지는 의식해서 생각해보지 않으면 좀처럼 알기 어렵습니다. 여행을 데려가면 좋은지, 집에 있는 것만으로도 기뻐하는지, 아니면 무언가를 해주는 것이 좋은지…. 그러한 것들은 자신에게 질문하고 생각해봐야 비로소 알게 됩니다. 그러니 먼저 자기 자신에게 물어봅시다.

8가지 질문에 답하다 보면, 지금까지는 별로 의식하지 않았을지도 모르는 가족의 행복에 대해 강하게 인식하게 되고, 가족의 행복이야말로 자기 행복의 기반이라는 사실을 이해할 수 있게 됩니다.

D 앞으로 무엇에 감사하는 마음을 전하고 싶은가요?

H 가족을 위해서 무엇을 할 수 있나요?

| F | 그중에서 파트너가 좋아하는 것은 무엇인가요? | C | 파트너가 고쳐줬으면 하는 점은 무엇인가요? |

| B | 왜 파트너를 맺고 싶은가요? |

주제

파트너십

| E | 파트너에게 무엇을 선물할 수 있나요? | A | 파트너의 매력은 무엇인가요? |

No.	2
Category.	셀프 커뮤니케이션
Date.	. .

원 포인트 어드바이스

파트너십이란 두 사람 사이의 유대감을 의미합니다. 가족과 마찬가지로 성공한 사람이나 잘나가는 사람들은 대체로 부부 사이나 연인 사이가 좋은 경우가 많습니다. 가장 가까이에서 자신을 이해하고 지지해주는 사람과 삐걱거리는 관계밖에 만들지 못하는 사람은 결국 다른 사람들과도 건설적인 관계를 맺기 어렵습니다. 가장 가까이에 있는 사람을 소중히 여겨야 자신도 소중하게 여겨집니다.

첫 번째 질문은 '파트너의 매력은 무엇인가요?'입니다. 함께 오래 있다 보면 시간이 지남에 따라 상대의 매력이 보이지 않게 되는 경우가 많습니다. 그 사람이 곁에 있는 것이 당연하게 여겨지면 점점 그 사람이 곁에 있어 주는 것의 소중함을 깨닫지 못하게 됩니다. 먼저 이 질문을 던져봄으로써 파트너의 진정한 가치를 알아봅시다.

8가지 질문에 답함으로써, 여러분은 가장 가까이에 있는 사람과의 관계를 다시 바라볼 수 있게 될 것입니다. 또한 파트너와의 관계가 좋아지면 일에서도 더 좋은 결과를 낼 수 있게 될 것입니다.

G 오늘 파트너에게 표현하고 싶은 감사한 일은 무엇인가요?

D 파트너가 곁에 있음으로써 할 수 있는 것은 무엇인가요?

H 여러분은 파트너에 대한 애정을 어떻게 전하나요?

| F | 기분 좋게 잠에서 깨기 위해서는 어떠한 궁리를 해야 하나요? | C | 어떠한 식사에 애정을 느끼나요? |

| B | 여러분의 '마음'을 건강하게 해주는 음식은 무엇인가요? | **주제** **몸이 자산이다** |

| E | 아침에 약간의 자유 시간을 만들기 위해서, 어떤 일을 할 수 있나요? | A | 여러분의 '몸'을 건강하게 해주는 음식은 무엇인가요? |

| G | 몸의 피로를 해소하기 위해서 무엇을 하나요? |

| D | 매일 어떤 운동을 하고 싶나요? |

| H | 몸을 건강하게 만드는 말은 무엇인가요? |

No. 3
Category. 셀프 커뮤니케이션
Date.   .   .

원 포인트 어드바이스

젊은 20대는 별로 의식하지 않을 수도 있지만, 30살을 넘기게 되면 몸에 대해 생각해볼 필요가 있습니다. 건강을 잃어버리면 인생을 행복하게 하거나 풍요롭게 만드는 것이 상당히 어려워지기 때문입니다. 우리에게 있어 가장 중요한 자산은 사실 건강한 몸입니다. 이 마법의 질문을 자신에게 던져봄으로써 여러분의 몸과 건강에 대한 의식은 크게 높아질 것입니다.

첫 번째 질문은 '여러분의 '몸'을 건강하게 해주는 음식은 무엇인가요?'입니다. 평소에 아무 생각 없이 그냥 식사하게 되면 자신의 건강과 관련 있는 음식을 의식하지 못하기 쉽습니다. '아, 이것을 먹으면 에너지가 넘쳐난다!'라고 느껴지는 음식을 먼저 의식해봅니다. 이는 식생활을 다시 점검할 수 있는 계기가 될 것입니다.

8가지 질문에 답하다 보면 여러분은 식사, 운동, 수면 등 자신의 건강을 좌우하는 요소들에 대한 의식이 높아졌음을 깨닫게 될 것입니다. 건강이 모든 것의 근원임을 자각하도록 합시다.

F 다른 관점에서 질문을 한다면 어떻게 물어볼 수 있을까요?	**C** 상대와의 긴장을 풀기 위해 무엇을 할 수 있나요?
B 서로의 엇갈림을 줄이기 위해 무엇을 신경 써야 하나요?	**주제** **질문이 주는 힘**
E 상대의 대답 이면에 어떤 답이 숨겨져 있나요?	**A** 상대의 이야기를 더 잘 듣기 위해 무엇을 할 수 있나요?

No.	4
Category.	셀프 커뮤니케이션
Date.	. .

원 포인트 어드바이스

좋은 질문은 우리 인생에 매우 강력한 영향을 줍니다. 그것만으로도 우리의 의식이 바뀌고, 나아가 인생 자체가 변할 정도의 힘이 있습니다. 상대의 생각이나 의욕을 끌어내기 위해서는 자신이 하고 싶은 말만 하는 것이 아니라 좋은 질문을 하는 것이 중요합니다. 평소에 좋은 질문을 하려고 신경을 쓰면 그동안 깨닫지 못했던 것을 깨닫게 되거나, 상대가 공감하며 움직여주는 등 다양한 변화가 일어나기 시작합니다.

첫 번째 질문은 '상대의 이야기를 더 잘 듣기 위해 무엇을 할 수 있나요?'입니다. 상대가 더 많이 이야기를 해주고, 상대의 생각이나 기분을 알 수 있게 된다면, 상대가 기분 좋게 이야기하고 싶어지도록 우리도 그에 맞춰 행동해야 합니다. 상대의 이야기를 들을 때 자신의 자세는 어떠한지 자기에게 질문을 던져봅시다.

8가지 질문에 답하면, 여러분은 평상시 생활하면서 어떻게 질문을 해야 할지, 질문이 얼마나 큰 힘을 가졌는지에 대해 인식할 수 있게 됩니다. 그리고 점점 질문의 질도 향상될 것입니다.

G 지금까지 해왔던 자신을 질책하는 말은 무엇인가요?

D 상대에게 질문하는 목적은 무엇인가요?

H 그것을 효과적인 질문으로 바꾸면 어떻게 될까요?

F	마음이 동하는 순간은 언제인가요?	C	잊고 싶거나 슬펐던 사건은 무엇이었나요?

B	진심으로 웃었던 사건은 무엇이었나요?	**주제** **느끼는 힘**

E	그 화는 왜 생겨나나요?	A	최근에 언제 눈물을 흘렸나요?

No.	5
Category.	셀프 커뮤니케이션
Date.	. .

G 여러분에게 있어 감정이란 무엇인가요?

D 어떤 경우에 화가 나나요?

H 만나는 사람에게 어떤 감정을 느끼고 싶나요?

원 포인트 어드바이스

'느끼는 힘'이란 모든 것을 느끼는 힘, 즉 오감(五感)을 의미합니다. 흔히 사람은 머리로 생각하고 움직인다고 여깁니다. 하지만 사실은 '마음'으로 느끼고 움직이고 있는 것입니다. '감동(感動)'이라는 단어도 '느끼고 움직이다'라는 의미로 쓰이지, '생각하고 움직이다'라는 단어는 존재하지 않습니다. 따라서 감정이나 느끼는 힘을 갈고닦아야, 결국 우리 행동의 질을 변화시킬 수 있습니다.

첫 번째 질문은 '최근에 언제 눈물을 흘렸나요?'입니다. 이것은 기쁨의 눈물이어도 좋고, 슬픔의 눈물이어도 좋습니다. 자신이 언제 눈물을 흘렸는지를 떠올리면, 자신의 마음이 동했던 순간이 뚜렷하게 보이기 시작합니다. 평소에 우리는 마음의 움직임을 그다지 의식하지 않고 살아갑니다. 반대로 그것을 의식하게 되면 자신의 감정의 움직임을 더 잘 포착할 수 있게 되지요.

8가지 질문에 답하다 보면, 대부분 인간의 행동 원리이기도 한 감정에 대해 이해가 깊어지고, 특히 자신이 어떤 감정적인 '습관'을 가지는지를 알 수 있게 됩니다. 또한 상대의 감정도 더 쉽게 읽어낼 수 있게 될 것입니다.

F 어떤 것을 몸에 지녔을 때 여러분답게 살아갈 수 있나요?	**C** 어떤 장소에서 힘을 발휘할 수 있나요?
B 어떠한 색에 둘러싸여 있고 싶나요?	**주제** **환경을 조성하다**
E 여러분의 의욕을 북돋우는 친구(동료)는 누구인가요?	**A** 여러분이 편안함을 느끼는 장소는 어디인가요?

| G | 어떤 향을 맡았을 때 릴랙스할 수 있나요? |

No.	6
Category.	셀프 커뮤니케이션
Date.	. .

원 포인트 어드바이스

의욕을 내고 싶거나, 릴랙스하고 싶거나, 스트레스를 해소하고 싶어도 환경이 우리와 맞지 않으면 쉽사리 그렇게 되지 않습니다. 자신을 변화시키기 위해서는 '환경'을 조성하는 것이 중요합니다. 환경이란 단순히 장소뿐만 아니라 주변에 있는 사람이나 인간관계 그리고 분위기까지도 포함하는 개념입니다.

첫 번째 질문입니다. '여러분이 편안함을 느끼는 장소는 어디인가요?' 여기서 말하는 '편안함'이란 '아, 기분 좋다~', '즐겁다~'라는 생각이 절로 드는, 긴장을 풀고 자신을 있는 그대로 드러낼 수 있는 상태를 의미합니다. 하지만 많은 사람은 자신이 편안함을 느낄 수 있는 장소에 대해 자각하지 못한 채 그저 막연하게 살아가고 있습니다. 일단 이 장소가 자신이 편안함을 느낄 수 있는 장소인 것을 깨닫는 것이 중요합니다.

8가지 질문에 답하다 보면 여러분은 어떠한 환경에서 자신이 진정으로 릴랙스할 수 있고, 자연스럽게 의욕이 솟아오르는지, 그리고 그러한 환경을 만들기 위해 어떻게 해야 하는지를 점점 더 명확하게 알게 될 것입니다.

| D | 어떠한 풍경이 보이는 장소에 가고 싶나요? |

| H | 어떠한 소리를 들었을 때 기분이 좋아지나요? |

F	매달 얼마씩 기부(선물)하나요?	C	돈으로 할 수 없는 것은 무엇일까요?
B	돈으로 무엇을 할 수 있을까요?	**주제**	**돈을 사랑하다**
E	세상이 돈이 없다면 무엇을 소중히 할까요?	A	여러분에게 돈이란 무엇인가요?

No.	7
Category.	셀프 커뮤니케이션
Date.	. .

G 무엇을 해야
돈의 사랑을 받을 수 있을까요?

D 어떨 때 기분 좋게
돈을 지불할 수 있나요?

H 여러분 안의 무엇이
돈을 만들어내나요?

원 포인트 어드바이스

많은 사람이 돈이 있으면 이것도 할 수 있고, 저것도 할 수 있다고 상상하고는 합니다. 하지만 돈이란 어디까지나 '수단'에 불과하지, '목적'이 아닙니다. 돈을 얻는 것이 목적이 되면 돈이 없는 상황을 불행하다고 여길 수도 있습니다. 돈을 손에 넣은 후에 어떠한 일이 일어날지를 생각해보면, 정말로 중요한 것이 무엇인지, 무엇이 필요한지를 알 수 있게 됩니다.

사실, 세상에는 돈으로 얻을 수 없는 것이 더 많습니다. 특히 사람의 감정이나 감동 같은 것은 돈으로 살 수 있다고 단정할 수는 없습니다. 돈을 목적이라고 착각해버리면 돈에 휘둘리는 인생을 살게 될 뿐이지요.

첫 번째 질문은 '여러분에게 돈이란 무엇인가요?'입니다. 돈을 원한다면 돈에 휘둘리지 않기 위해 돈에 초점을 맞추지 말고, 돈을 통해 무엇을 하고 싶은지, 무엇을 얻고 싶은지에 초점을 맞춰야 합니다. 그렇게 하면, 오히려 돈을 긍정적으로 받아들일 수 있고 돈과의 인연도 원만하게 이루어질 수 있을 것입니다.

F	여러분의 브레이크가 되어주는 것은 무엇인가요?	C	언젠가는 버리고 싶은 것은 무엇인가요?
B	여러분에게 정말 필요한 정보는 무엇인가요?	**주제**	
		갑옷을 벗어던지다	
E	여러분은 어떤 자부심을 품고 있나요?	A	여러분이 갖고 있는 정보 중에서 불필요한 것은 무엇인가요?

No.	8
Category.	셀프 커뮤니케이션
Date.	. .

G 무인도에 간다면 일단 무엇을 가지고 가고 싶나요?

D 어떤 새로운 친구를 사귀고 싶나요?

H 어떠한 갑옷을 벗어던지고 싶나요?

원 포인트 어드바이스

여기서 말하는 '갑옷'이란 철로 만들어진 실제 갑옷이 아니라 '마음의 갑옷'을 의미합니다. 최근에는 어떻게 배울 것인지, 어떻게 지식을 익히고 정보를 받아들일 것인지에 관한 관심이 집중되고 있습니다. 하지만 저는 오히려 '무언가를 익히는 것보다, 버리는 것이 더 중요하지 않을까' 생각합니다.

모르는 편이 좋거나, 고집하지 않는 편이 좋은 정보는 생각보다 많습니다. 그러한 것들을 과감히 버림으로써, 이전과는 다른 인생의 단계로 나아가는 경우도 있다는 것을 깨달아야 합니다.

첫 번째 질문은 '여러분이 갖고 있는 정보 중에서 불필요한 것은 무엇인가요?'입니다. 정보에는 꼭 필요한 것도 있지만, 필요하지 않은 것들도 많습니다. 오히려 우리는 자신의 목표 달성을 방해하는 정보에 집착하고 있을 가능성도 충분히 있습니다. 우선, 그러한 점에 대해 자기에게 질문을 던져보고, 정보를 선택하고 버리는 작업을 해봅시다.

8가지 질문에 답하면 여러분은 불필요한 것을 벗어던지고 더 가벼워지며, 있는 그대로 자기 모습으로 목표 실현을 향해 나아갈 수 있게 될 것입니다.

F 어떤 것을 몸에 지녔을 때 여러분답게 살아갈 수 있나요?	C 어떤 장소에서 힘을 발휘할 수 있나요?	G 어떤 향을 맡았을 때 릴랙스할 수 있나요?	F 기분 좋게 잠에서 깨기 위해서는 어떠한 궁리를 해야 하나요?	C 어떠한 식사에 애정을 느끼나요?	G 몸의 피로를 해소하기 위해서 무엇을 하나요?
B 어떠한 색에 둘러싸여 있고 싶나요?	**6 환경을 조성하다**	D 어떠한 풍경이 보이는 장소에 가고 싶나요?	B 여러분의 '마음'을 건강하게 해주는 음식은 무엇인가요?	**3 몸이 자산이다**	D 매일 어떤 운동을 하고 싶나요?
E 여러분의 의욕을 북돋우는 친구(동료)는 누구인가요?	A 여러분이 편안함을 느끼는 장소는 어디인가요?	H 어떠한 소리를 들었을 때 기분이 좋아지나요?	E 아침에 약간의 자유 시간을 만들기 위해서, 어떤 일을 할 수 있나요?	A 여러분의 '몸'을 건강하게 해주는 음식은 무엇인가요?	H 몸을 건강하게 만드는 말은 무엇인가요?
F 그중에서 파트너가 좋아하는 것은 무엇인가요?	C 파트너가 고쳐줬으면 하는 점은 무엇인가요?	G 오늘 파트너에게 표현하고 싶은 감사한 일은 무엇인가요?	**6 환경을 조성하다**	**3 몸이 자산이다**	**7 돈을 사랑하다**
B 왜 파트너를 맺고 싶은가요?	**2 파트너십**	D 파트너가 곁에 있음으로써 할 수 있는 것은 무엇인가요?	**2 파트너십**	**주제 셀프 커뮤니케이션 만다라**	**4 질문이 주는 힘**
E 파트너에게 무엇을 선물할 수 있나요?	A 파트너의 매력은 무엇인가요?	H 여러분은 파트너에 대한 애정을 어떻게 전하나요?	**5 느끼는 힘**	**1 모든 것은 가족에게서**	**8 갑옷을 벗어던지다**
F 마음이 동하는 순간은 언제인가요?	C 잊고 싶거나 슬펐던 사건은 무엇이었나요?	G 여러분에게 있어 감정이란 무엇인가요?	F 여러분이 생각하는 이상적인 가족의 모습은 어떠한가요?	C 지금까지 어떤 경우에 행복을 느꼈나요?	G 가족 내에서 여러분의 역할은 무엇인가요?
B 진심으로 웃었던 사건은 무엇이었나요?	**5 느끼는 힘**	D 어떤 경우에 화가 나나요?	B 무엇을 의식하면 가족의 미소가 늘어날까요?	**1 모든 것은 가족에게서**	D 앞으로 무엇에 감사하는 마음을 전하고 싶은가요?
E 그 화는 왜 생겨나요?	A 최근에 언제 눈물을 흘렸나요?	H 만나는 사람에게 어떤 감정을 느끼고 싶나요?	E 여러분에게 있어 가족은 어떠한 존재인가요?	A 어떤 일을 했을 때 가족이 기뻐하나요?	H 가족을 위해서 무엇을 할 수 있나요?

만다라 차트 :

이름	
작성일	

F 매달 얼마씩 기부 (선물)하나요?	C 돈으로 할 수 없는 것은 무엇일까요?	G 무엇을 해야 돈의 사랑을 받을 수 있을까요?
B 돈으로 무엇을 할 수 있을까요?	**7 돈을 사랑하다**	D 어떨 때 기분 좋게 돈을 지불할 수 있나요?
E 세상이 돈이 없다면 무엇을 소중히 할까요?	A 여러분에게 돈이란 무엇인가요?	H 여러분 안의 무엇이 돈을 만들어내나요?

F 다른 관점에서 질문을 한다면 어떻게 물어볼 수 있을까요?	C 상대와의 긴장을 풀기 위해 무엇을 할 수 있나요?	G 지금까지 해왔던 자신을 질책하는 말은 무엇인가요?
B 서로의 엇갈림을 줄이기 위해 무엇을 신경 써야 하나요?	**4 질문이 주는 힘**	D 상대에게 질문하는 목적은 무엇인가요?
E 상대의 대답 이면에 어떤 답이 숨겨져 있나요?	A 상대의 이야기를 더 잘 듣기 위해 무엇을 할 수 있나요?	H 그것을 효과적인 질문으로 바꾸면 어떻게 될까요?

F 여러분의 브레이크가 되어주는 것은 무엇인가요?	C 언젠가는 버리고 싶은 것은 무엇인가요?	G 무인도에 간다면 일단 무엇을 가지고 가고 싶나요?
B 여러분에게 정말 필요한 정보는 무엇인가요?	**8 갑옷을 벗어던지다**	D 어떤 새로운 친구를 사귀고 싶나요?
E 여러분은 어떤 자부심을 품고 있나요?	A 여러분이 갖고 있는 정보 중에서 불필요한 것은 무엇인가요?	H 어떠한 갑옷을 벗어던지고 싶나요?

부록. 마법의 질문 만다라 차트 작성 노트

'자유 과제' 작성하기

만다라 차트를 통해 여러분이 현재 안고 있는 문제·과제를 자유롭게 작성해봅시다.

1 작성할 주제 예시

① 일상 생활
　　(1) 독서　(2) 공부　(3) 쇼핑　(4) 문제해결

② 비즈니스
　　(1) 사업계획　(2) 조직도　(3) 회의록　(4) 프로젝트
　　(5) 상품 개발　(6) 클레임 해결

2 여러분이 만다라 차트로 작성할 과제는?

만다라 차트 A형

주제		작성자	
부서명		작성연월일	

F	C	G
B	주제	D
E	A	H

만다라 차트 B형

250 꿈을 이루어주는 만다라 차트

만다라 차트 :

이름	
작성일	

F	C	G
B	7	D
E	A	H

F	C	G
B	4	D
E	A	H

F	C	G
B	8	D
E	A	H

행동 리스트

- [ ]
  /

- [ ]
  /

- [ ]
  /

- [ ]
  /

- [ ]
  /

- [ ]
  /

꿈을 이루어주는
만다라 차트

제1판 1쇄 2025년 9월 30일

지은이 마쓰다 미히로(マツダミヒロ)
감　수 마쓰무라 다케시(松村 剛志)
옮긴이 이성희
감　수 서승범
펴낸이 한성주
펴낸곳 ㈜두드림미디어
책임편집 배성분
디자인 김진나(nah1052@naver.com)

㈜두드림미디어
등　록 2015년 3월 25일(제2022-000009호)
주　소 서울시 강서구 공항대로 219, 620호, 621호
전　화 02)333-3577
팩　스 02)6455-3477
이메일 dodreamedia@naver.com(원고 투고 및 출판 관련 문의)
카　페 https://cafe.naver.com/dodreamedia

ISBN 979-11-94223-90-0 (03190)

책값은 뒤표지에 있습니다.
파본은 구입하신 서점에서 교환해드립니다.